Galileo 科學大圖鑑系列

VISUAL BOOK OF
THE PSYCHOLOGY
心理學大圖鑑

德國心理學家艾賓豪斯說：

「心理學有著長久的過去，卻只有短暫的歷史。」

無法透過眼睛觀察的心智運作，自古希臘以來

就是諸多哲學家嘗試探究的主題。

一直到了19世紀，「心理學」這門學問才誕生。

眾多心理學家藉著實驗加以確認，

了解到人類心智是如何運作的。

此外，還從精神疾病醫學的領域發展出「臨床心理學」。

心理學不只用來處理煩惱和痛苦，

還有各式各樣的的心理問題。

日常生活行為背後的心理作用和現象，

也都是心理學的研究範疇。

著眼於「潛意識」的佛洛伊德，

發現「情境」與「反應」之間連結性的

「巴夫洛夫的狗實驗」，

分析兒童的認知發展

有哪些階段的皮亞傑等等，

眾多心理學家都對心智活動加以闡述說明。

本書以心理學的歷史為開端，

接著引導出心智發展、人際關係心理學、團體心理學等等，

以淺顯易懂的方式歸納出各個領域的概要。

就讓我們進入「心理學」的世界

從科學角度理解人類行為吧！

VISUAL BOOK OF THE PSYCHOLOGY 心理學大圖鑑

0

何謂心理學

What is psychology?

心理學就是
理解心智活動的學問

人心既看不到也摸不著。

心理學是一門以科學方法剖析心智活動的學問。由於人心無法測量,所以必須透過觀察、測量看得見的「行為」,來推測行為背後的心智活動。

心理學將心分成幾個要素來探討,構成心理的要素有知覺、記憶、學習、思考、情緒等。為了掌握心智活動,必須觀察及測量各要素顯現的行為,以釐清各要素的性質。

心理學的研究領域甚廣,主要的領域如下圖所示。「人格心理學」是深入理解個人人格(性格)的組成與類型;「社會心理學」是探

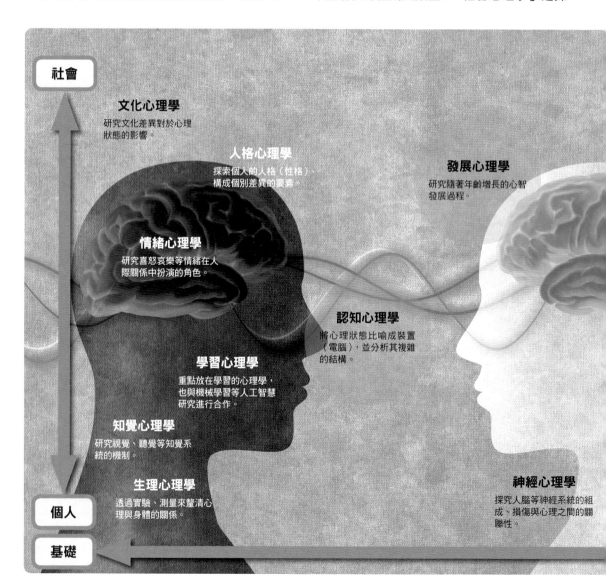

社會

文化心理學
研究文化差異對於心理
狀態的影響。

人格心理學
探索個人的人格(性格)、
構成個別差異的要素。

發展心理學
研究隨著年齡增長的心智
發展過程。

情緒心理學
研究喜怒哀樂等情緒在人
際關係中扮演的角色。

認知心理學
將心理狀態比喻成裝置
(電腦),並分析其複雜
的結構。

學習心理學
重點放在學習的心理學,
也與機械學習等人工智慧
研究進行合作。

知覺心理學
研究視覺、聽覺等知覺系
統的機制。

生理心理學
透過實驗、測量來釐清心
理與身體的關係。

神經心理學
探究人腦等神經系統的組
成、損傷與心理之間的關
聯性。

個人

基礎

索團體中的個人行為和思考模式的特性
等;「發展心理學」是研究心理與人格隨
著年齡增長的發展及變化;「臨床心理
學」是為了消除心理疾患與社會適應不良
的困擾,逐步找出治療的方法。其他還有
「犯罪心理學」、「產業心理學」等專門
探究特定狀況下的心理,以及「神經心理
學」、「生理心理學」等調查生理、腦部
功能與心智活動關係的領域。

各式各樣的研究領域

下圖所示的心理學主要研究領域參考自《何謂心
理學》(市川伸一著,北大路書房,2002年發
行)。縱軸代表從個人到社會,橫軸代表從基礎
到應用。水藍色圓圈處為研究者人數較多的五個
領域。

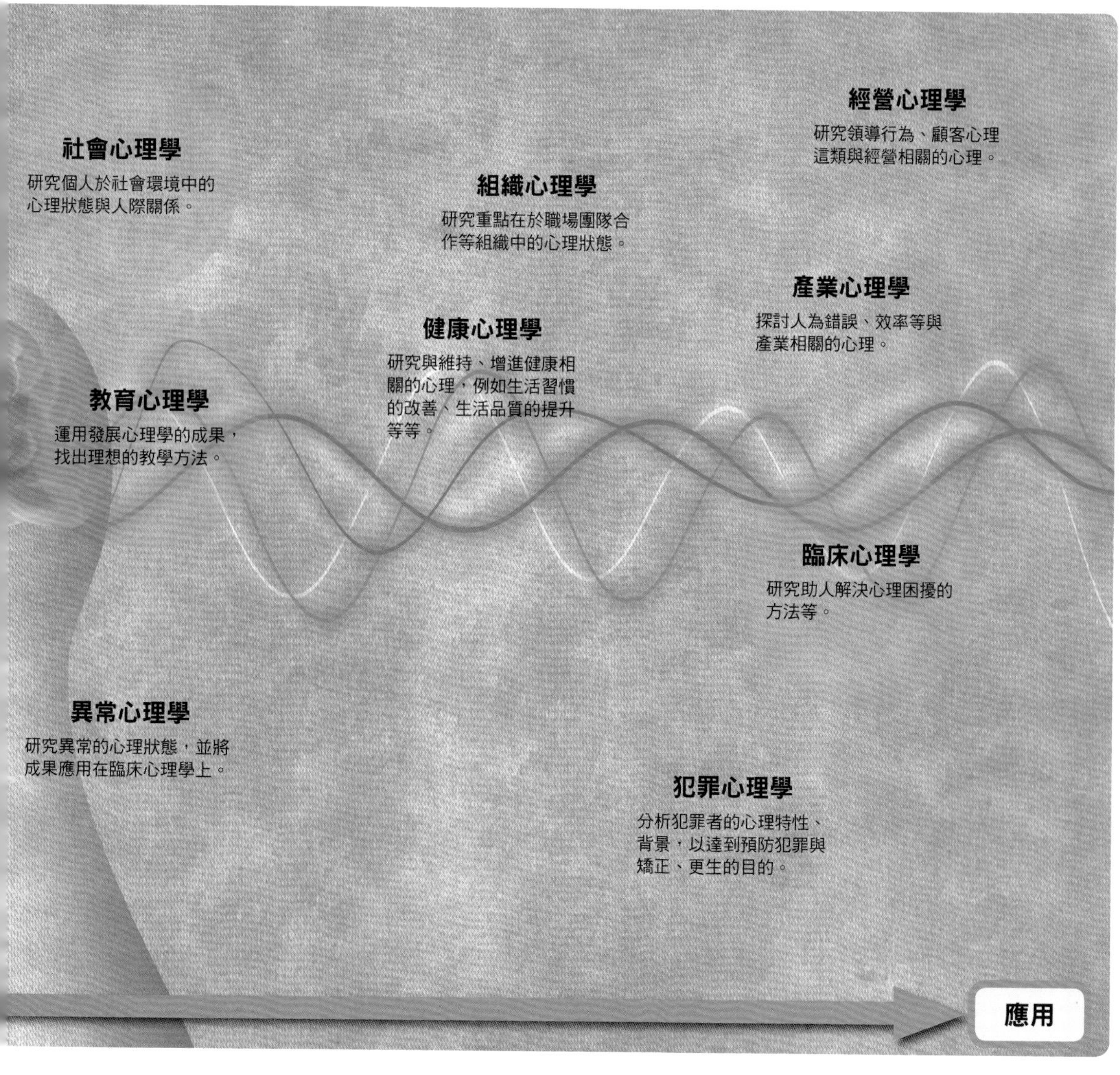

經營心理學
研究領導行為、顧客心理
這類與經營相關的心理。

社會心理學
研究個人於社會環境中的
心理狀態與人際關係。

組織心理學
研究重點在於職場團隊合
作等組織中的心理狀態。

產業心理學
探討人為錯誤、效率等與
產業相關的心理。

健康心理學
研究與維持、增進健康相
關的心理,例如生活習慣
的改善、生活品質的提升
等等。

教育心理學
運用發展心理學的成果,
找出理想的教學方法。

臨床心理學
研究助人解決心理困擾的
方法等。

異常心理學
研究異常的心理狀態,並將
成果應用在臨床心理學上。

犯罪心理學
分析犯罪者的心理特性、
背景,以達到預防犯罪與
矯正、更生的目的。

應用

「心理學」
誕生於19世紀

人類自古以來就不斷在探索心智活動。但是對於人心的運作討論，長時間以來一直是屬於哲學的領域。

直到19世紀，才誕生了以科學方法研究心智運作的心理學。

其中一個誕生的契機，是時任德國萊比錫大學解剖學教授韋伯（Ernst Weber，1795～1878）的感覺研究。韋伯進行實驗，調查人對刺激的感覺變化（第21頁）。

透過實驗將感覺量化的研究稱為「心理物理學」（psychophysics），當時在同一間大學擔任哲學教授的馮特（Wilhelm Wundt，1832～1920）深受其影響。馮特認為意識和情緒等內心的世界也可經由實驗量化，再以科學的方法進行研究。

為了精確地控制刺激等條件，必須在實驗室內進行。因此馮特於1879年在萊比錫大學設立了世界最早的「心理學實驗室」，現代心理學也就此誕生。

提倡「實驗」的重要性，促使科學誕生的哲學家

哲學在14世紀與神學分道揚鑣，於中世紀後期及近世都有顯著的發展。然而，當時科學與哲學之間並無區分。在科學的發展時期，有「近代科學之父」美譽的哲學家培根（Francis Bacon，1561～1626）出現了。

培根主張在觀察自然現象時，應該要捨棄「盲目信仰」。我們的各種想法可能會影響觀察結果，進而得出錯誤的結論。同時，培根也提倡「實驗」的重要性。正如同伽利略在反覆實驗後發現了物體的運動定律，只要謹慎地進行實驗就能一點一滴獲取新的知識。實驗在現代被視為科學的基礎，就是在16至17世紀之間所確立的。

心理學的過去悠久但是歷史短暫

「心理學」這門學問直到19世紀才確立，但探索人心的學問其實可追溯至古希臘哲學。德國心理學家艾賓豪斯（Hermann Ebbinghaus，1850～1909）於1908年出版的《心理學概論》（*Abriss der psychologie*）中，在文章的開頭便寫到：「心理學有著長久的過去，卻只有短暫的歷史。」

古希臘

心的概念早期是屬於哲學的研究範疇

古希臘前期的哲學稱為「自然哲學」，是一門透過觀察自然來獲得知識的學問。但自從西元前 5 世紀後，哲學的研究對象轉變成以人類社會為中心。被譽為「萬學之祖」的亞里斯多德（Aristoteles，前384左右～前322左右）提出了「學術分類」的概念，將知識分為哲學、數學、政治學等等。不過西曆紀元之後隨著基督教普及，希臘哲學也漸趨沒落。

拉斐爾（Raffaello Sanzio，1483～1520）的畫作《雅典學院》中所描繪的柏拉圖（中央左）和亞里斯多德（中央右）。

中世紀歐洲

哲學的「再輸入」及發展

12世紀左右，亞里斯多德的哲學從伊斯蘭世界重新傳回歐洲，逐漸為當地民眾所接受，與基督教信仰有所衝突的哲學也再次復興起來。

14世紀和神學分道揚鑣後，哲學開始有了顯著的發展。當時哲學尚未與科學分家，哲學家提倡「實驗」重要性的同時，也對科學的發展起了推波助瀾的作用。

17世紀，法國哲學家笛卡兒（Rene Descartes，1596～1650）發表了「我思故我在」的名言，並主張「自我意識」的存在是無庸置疑的。從笛卡兒「所有的一切是否都不存在」的懷疑，也誕生出以意識的存在為前提的哲學。

19世紀～

「心理學」的誕生

萊比錫大學的哲學教授馮特認為，意識、情緒等心理狀態也能透過實驗加以量化，再用科學的方法進行研究。因此，他於1879年在同一間大學創設了世界首座「心理學實驗室」，是為現代心理學的濫觴。

1900 年的萊比錫大學。

心理學運用科學方法蒐集資料進行統計分析

實驗法

實驗法是廣泛使用在心理學的主要方法之一。給予受試者各種刺激和情境並觀察其行為，以查明什麼樣的刺激和情境容易造成行為的變化。

觀察法

過程中不會給予特定的刺激和情境，只觀察受試者平常的行為表現。最常應用於「發展心理學」的研究，例如觀察嬰幼兒或兒童的行為。

	●下文是當令人不安的事情發生時，關於內心想法的描述。請詳閱下列項目，若認為確實能做到請選「4」，大致能做到請選「3」，不太能做到請選「2」，完全做不到選「1」，將符合右欄敘述的數字圈起來。	完全做不到	不太能做到	大致能做到	確實能做到
1	能沉著思考該事件對自己有何意義		1 - 2 - 3 - 4		
2	能冷靜思考處於那種狀態的原因，並明白該狀態不會一直持續		1 - 2 - 3 - 4		
3	能想出幾個為何會變成那樣的理由		1 - 2 - 3 - 4		
4	究竟該怎麼辦才好？能想出幾種思考或行動的方案		1 - 2 - 3 - 4		
5	雖然心情不好，但不至於過度負面思考		1 - 2 - 3 - 4		
6	即使腦海中浮現可能會發生的壞結果，也能告訴自己這只是想像而已		1 - 2 - 3 - 4		
7	能思考狀況的好壞兩面，找出可能的應對方法		1 - 2 - 3 - 4		
8	對狀況抱持樂觀的態度，認為逆境也可能是轉機		1 - 2 - 3 - 4		
9	能思考自己對狀況的掌握方式與看待事情的傾向		1 - 2 - 3 - 4		
10	不會因為該狀況而衍生出不好的聯想		1 - 2 - 3 - 4		
11	能想像問題解決後的狀況		1 - 2 - 3 - 4		
12	當陷入過度思考時能暫時抽離思緒		1 - 2 - 3 - 4		

問卷法

每個問題都有1～4的選項，請受試者選出最符合自身狀況的描述。問題項目的排列方式和統計處理的方法皆經過設計，即便受試者刻意扭曲答案也能正確測定。

心理學的情境是使用科學方法進行研究。心理學研究所採用的科學方法包括「實驗法」、「觀察法」、「問卷法」等等。

所謂實驗法，是針對作為研究對象的人或動物給予各種計畫性的刺激，並觀察、記錄由該結果產生的行為。第 1 章介紹的「巴夫洛夫的狗」，就是心理學研究頗具代表性的實驗。實驗法的優點在於，能夠釐清刺激和行為之間的對應關係或因果關係。

觀察法同樣也是在觀察並記錄人或動物的行為，但與實驗法不同的是並不會積極地給予刺激。觀察法常用於調查日常生活的行為以及團體中的人際溝通等。

問卷法則是讓研究對象以書面回答各項問題，具有能同時蒐集到大量資料的優點。除此之外，還有「晤談法」等方法。

以科學方法蒐集資料，再進行統計分析

左頁為心理學研究中蒐集必要資料的方法實例（實驗法、觀察法、問卷法）。蒐集而來的資料則如右頁般，使用統計或機率論進行分析。

使用統計方法，預測行為的機率

即便給予相同的刺激和情境，每個人表現出來的行為也不會一樣。在心理學的領域中，會運用統計學調查其中的差異程度，並透過分析得知「處於某種狀況中的人，發生某個行為的機率有多少百分比」，而像這樣預測個人行為的機率正是心理學的基本目標之一。

與心理測驗的差異

心理測驗及讀心術並不是心理學

有時會在電視或雜誌上看到診斷人格的「心理測驗」，可是這些並不是「心理學」。此外，大多數可以操控人心的「讀心術」，也與在大學裡所學和研究的心理學有所區別。

心理學是一門致力於了解人類心理及行動法則的學問，若不是使用科學的方法就不能稱為心理學。心理測驗和讀心術不是科學方法，當中有不少帶有個人的主觀認定，因此完全不能稱之為心理學。

再者，心理測驗和讀心術會試圖猜測特定對象（比方說你本人）的人格或想法。相較於此，心理學並不會針對特定的某人，而是對每個人普遍擁有的心理狀態進行探討。

專欄 COLUMN　為什麼會覺得占卜或心理測驗「很準」？

為什麼心理測驗或占卜會讓人萌生「好準」的感覺呢？其中一個理由在於，人們只會對「對自己有利的部分」「想要相信的內容」留下強烈的印象。比方說，占卜時被告知「未來會有好事發生」，即便後來也遭遇了不少壞事，但因為自己只記得好事就覺得「占卜很準」。另一個理由是測驗或占卜的結果，大多都是可套用在任何人身上的含糊描述。人們對於符合任何人情況的內容經常會對號入座，而容易產生「好準」的感覺，這就是所謂的「巴納姆效應」（Barnum effect，巴納姆是美國知名的馬戲團表演者）。

Psi

心理學的英文為Psychology，據說源自於古希臘文中有呼吸、人心、靈魂等意的「Psyche」。
因此，Psyche字首的希臘字母「Ψ」（Psi）常用來當作心理學的象徵符號。

1

心理學的歷史

History of psychology

心理學從誕生到發展的過程

心理學誕生的契機來自於韋伯（1795～1878）的實驗，亦即將人的主觀感覺透過實驗予以量化的「心理物理學」。之後，馮特（1832～1920）以此為基礎成立了心理學實驗室，「心理學」於焉誕生。

邁入20世紀後美國出現了「行為主義」（behaviorism），研究對象從意識及主觀感覺換成了能夠客觀觀察的「行為」。當時的德國，正值「完形心理學」的發展時期。完形心理學認為刺激與反應並非一對一的關係，人的反應是根據外在的整體環境來決定。這個理論後來也成為「社會心理學」的發展源起。1940年代電腦問世後，出現了人的心理可以類比為電腦的主張，聚焦於人受到刺激時內心的變化過程。於是「認知心理學」開始盛行。

上述的心理學都是屬於「實驗心理學」的範疇。

心理物理學

韋伯
（1795～1878）
（第21頁）

費希納
（1801～1887）
（第21頁）

結構主義

馮特
（1832～1920）
（第20頁）

19世紀

19世紀末

心
理
學
的
歷
史

行為主義

華生

（1878～1958）

「巴夫洛夫的狗」實驗
（第23頁）

巴夫洛夫

（1849～1936）

「小艾伯特」實驗
（第25頁）

完形心理學

認知心理學

社會心理學

魏泰默爾

（1880～1943）

「魯賓花瓶」
（第26頁）

心理學的發展

心理學始於「心理物理學」，目前已擴展
至「教育心理學」、「發展心理學」等各
種領域。本頁僅列出主要流派及其代表性
的研究者。有關「臨床心理學」的介紹請
參見第32頁。

20世紀初 **20世紀中**

經由實驗將人的心理狀態量化的學問就此誕生

被譽為實驗心理學之父的馮特（1832～1920）認為，意識及情緒也能透過實驗進行科學化的研究。

馮特的這個想法源自於萊比錫大學解剖學教授韋伯（1795～1878）的感覺研究，即調查刺激（例如放在手掌上的砝碼重量）所引起的感覺變化。韋伯的研究成果後來由同一間大學的物理學教授費希納（Gustav Fechner，1801～1887）承續了下來。

右頁的簡略示意圖為韋伯實驗的其中一例。該實驗最後導出了韋伯-費希納定律（Weber-Fechner law）：能引起感覺的最小刺激量會與標準刺激的強度成正比，並且可用數學公式來表示刺激與感覺的對應關係。

費希納等人經由實驗將感覺量化的研究稱為「心理物理學」，當時在同一間大學任教的哲學教授馮特深受其影響。馮特認為要精確控制刺激就必須仰賴實驗室，於1879年成立了「心理學實驗室」，近代心理學由此誕生。

韋伯-費希納定律

該定律指出，將重量（刺激）從100公克增加到200公克時的感覺變化，與從200公克增加到400公克時的感覺變化相等。換句話說，感覺的變化取決於「刺激差別量的比例」而非「刺激的差別量」。

馮特的「結構主義」

就如同物質都是由原子所組成，馮特認為意識等心理狀態也是由眾多要素集結而成，而心理學的目標就是要釐清每一個要素所扮演的角色。馮特這些見解被稱為「結構主義」。

馮特
（1832～1920）
有實驗心理學之父的美譽。提出了「情緒的三面向理論」，認為情緒由「愉快和不快」、「興奮和平靜」、「緊張和放鬆」這三個面向所構成。

韋伯
（1795～1878）

德國解剖學家暨生理學家。透過實驗研究刺激與感覺之間的關係，為後來的「韋伯-費希納定律」奠下基礎。

費希納
（1801～1887）

韋伯的學生。以韋伯關於感覺的研究成果為基礎，於1860年出版了《心理物理學原論》。對於死後世界的深度考察也廣為人知。

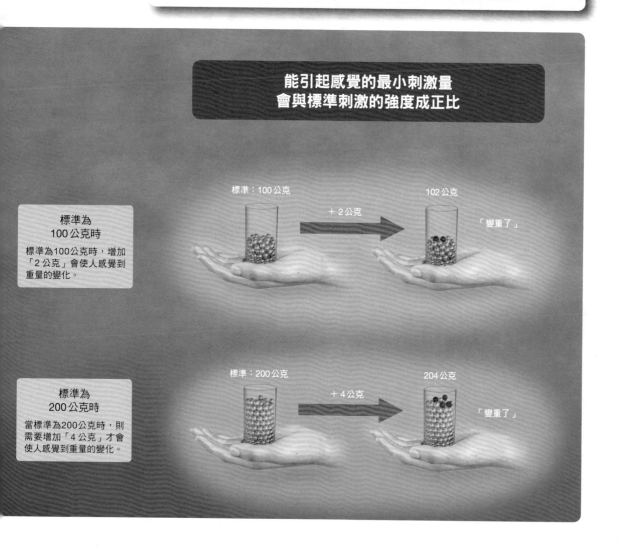

能引起感覺的最小刺激量會與標準刺激的強度成正比

標準為100公克時

標準為100公克時，增加「2公克」會使人感覺到重量的變化。

標準：100公克　＋2公克　102公克　「變重了」

標準為200公克時

當標準為200公克時，則需要增加「4公克」才會使人感覺到重量的變化。

標準：200公克　＋4公克　204公克　「變重了」

建立刺激與反應之間的連結「巴夫洛夫的狗」實驗

心理學歷史上有個相當著名的實驗，名為「巴夫洛夫的狗」。此實驗是由俄羅斯生理學家巴夫洛夫（Ivan Pavlov，1849～1936）所做，因而得名。

右頁插圖即利用節拍器的聲音和飼料進行的實驗示意圖。在餵狗吃飼料的同時，重複播放節拍器的聲音，之後狗只要聽到同樣的聲音，即使眼前沒有飼料仍會流出唾液。

狗看到飼料會分泌唾液，這是自然的生理反應，巴夫洛夫稱之為「非制約反應」（unconditioned response）。相對於此，

「聲音」的刺激和「分泌唾液」的反應，兩者之間的連結則稱為「制約反應」（conditioned response）。上述反應後來稱為「古典制約」（classical conditioning）。

「操作制約」（operant conditioning）則不同於巴夫洛夫發現的古典制約，是由美國的心理學家史金納（Burrhus Skinner，1904～1990）所提出（專欄）。

制約反應的發現對美國心理學家華生（John Watson，1878～1958，第24頁）產生了很大的影響。

因為報酬或懲罰而自願改變行為的「操作制約」

「操作制約」是由美國的心理學家史金納所提出，認為報酬和懲罰等因素會改變行為出現的強度或頻率。在實驗中，先將老鼠關進一個只要壓下橫桿就能得到報酬（乳酪）的箱子，當老鼠學到橫桿和報酬的關係後，就會自發性地增加壓桿的次數，亦即行為因報酬而增強。可是，若將老鼠改關進一個壓下橫桿會產生電流的箱子，老鼠的行為就改變了，不會再去碰觸橫桿。

行為變化分成兩種：「增強」和「懲罰」

| 增強 | 因報酬或受罰而增加行為的次數 |
| 懲罰 | 因報酬或受罰而減少行為的次數 |

巴夫洛夫
（1849～1936）

蘇聯（現在的俄羅斯）的生理學家。原本並非行為主義者，而是在研究消化生理學的時候，發現狗只要聽到飼育員的腳步聲就會流出唾液，才開始進行驗證制約反應的實驗。於1904年獲頒諾貝爾生理醫學獎。

「巴夫洛夫的狗」實驗

看到飼料後
流出唾液

在餵食飼料的同時
播放節拍器的聲音

光聽到節拍器的聲音
就會流出唾液

古典制約

在該實驗中，將流出唾液的反應和節拍器聲音的刺激刻意連結起來，就稱為「古典制約」。此概念是經由巴夫洛夫的實驗所發現。

應用在人身上的制約作用「小艾伯特」實驗

馮特的結構主義認為「人的心理是由許多要素集結而成」。

美國心理學家華生（1878～1958）受到「巴夫洛夫的狗」實驗的影響，主張「制約」必須仰賴「學習」，才能把不相干的經驗連結在一起。

為了研究學習對於人類行為有何影響，華生於1920年進行了「小艾伯特」實驗。受試者艾伯特是11個月大的小男嬰。

艾伯特原本看到老鼠並不會害怕，可是每當他看見老鼠的同時就發出巨大聲響使其驚嚇後，艾伯特開始對老鼠感到恐懼。

該實驗證明了制約反應所引發的學習也會在人類身上發生。華生還誇口道：「只要小孩交給我撫養，我就能讓他變成醫生、藝術家，甚至是小偷。」而「小艾伯特」實驗在當時亦引起了不少爭議。當然，這樣的實驗在現今的倫理規範下是不被允許的。

「行為主義」成了美國心理學的主流

為了得知研究對象的內心世界，馮特選用了「內省」（研究對象本身的自我觀察）的方法。不過能自我觀察的心理狀態有其極限，況且動物和嬰兒也不具自我觀察的能力。

華生雖然承襲了馮特的結構主義，但並未採用內省法，而是主張將重點放在能夠明確、客觀觀察的「行為」。其立場稱為「行為主義」，並以美國為中心成為20世紀前半期的心理學主流。

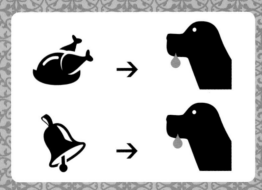

行
為
主
義

華生
（1878～1958）

在美國約翰霍普金斯大學擔任心理學教授直到42歲，之後辭職轉往廣告業發展，經歷相當特殊。著有《行為主義心理學》等書。華生認為只要以客觀觀察行為的「行為主義」為基礎，無論成人還是動物、嬰兒都能成為心理學實驗的對象。

「小艾伯特」實驗

一開始看到老鼠不會害怕

在嬰兒看見老鼠的同時發出巨大聲響使其驚嚇

光是看到老鼠就感到恐懼

心是「學習」而來

圖為華生所進行的制約反應實驗，嬰兒在過程中學習到了老鼠與巨大聲響的連結關係。華生認為人類沒有本能或遺傳，而是皆由小時候的制約學習而來。學習在行為主義中扮演著重要的角色，且行為主義主張任何能力都能透過學習來養成。

「心理的運作源自整體」
完形心理學的誕生

在美國行為主義的心理學盛行之際，德國也出現了新的心理學思潮，稱為「完形心理學」（Gestalt psychology）。

完形心理學誕生於20世紀初，所持論點與馮特的結構主義相反。

結構主義認為，心理的運作是由眾多要素集結而成。

另一方面，Gestalt在德文中代表「型態、形狀」之意。比方說，右頁的「卡尼薩三角」是由3個帶缺口的圓形圖案組成。看著這張圖時，不只會看到3個圖形，還能感覺到中間似乎有個三角形。完形心理學認為，以形狀知覺為首的各種心理運作無法單純合計要素來說明，必須將包含要素排列方式在內的「整體」也納入考量。

第一次世界大戰後，國家社會主義德國工人黨（納粹黨）的勢力抬頭，在德國的猶太人遭到迫害，研究完形心理學的猶太裔德國人陸續逃亡至美國等地。也因為如此，完形心理學在德國逐漸式微，心理學的發展重地也轉移到了美國。

完形心理學的成果之後由以知覺為研究對象的認知心理學繼承。同時也是「社會心理學」的起源，除了個人的心理之外，個人所處的社會和環境也是該學派所關注的重點。

魯賓花瓶

由丹麥心理學家魯賓（Edgar Rubin，1886～1951）所設計。若細看花瓶的左右輪廓，會發現人的側臉。完形心理學重視要素排列的環境，認為以輪廓的外側為背景或是以內側為背景，會在知覺上造成不同的結果。

魏泰默爾

（Max Wertheimer，1880～1943）
完形心理學的創始人之一。猶太裔德國
人，為躲避納粹的迫害，於1933年移
居到美國。魏泰默爾以實驗方法研究
「似動現象」（phi phenomenon），亦
即「實際上處於靜止的狀態，看起來卻
像在動」的現象，並於1912年發表了
論文《Experimental Studies on the
Seeing of Motion》。

知覺的基本單位是一個整體

由魏泰默爾等人所創立的完形心理學主張，人對事物的知覺（認識）並
不是以各個分離的要素為根據，而是以一個整體為單位。

卡尼薩三角

排列著三個帶缺口的圓形，但感覺中
間好像有個理應不存在的三角形。義
大利心理學家卡尼薩（Gaetano
Kanizsa，1913～1993）提出許多這
類圖形。

看見不存在的東西

擁有多個圓錐的圖形。和左邊的卡尼
薩三角相同，感覺像是一顆表面貼著
圓錐的球體。

視人為「裝置」，把心智活動模式化的「認知心理學」

1950年代隨著電腦的演進，誕生出了新觀點的心理學，也就是將人體類比為「裝置」，心理當成裝置內建軟體的「認知心理學」（cognitive psychology）。

舉例來說，電腦裝置在進行運算時，會啟動計算機等應用程式（軟體），輸入必要的數值。只要數值正確輸入，接下來就會自動按照程式進行計算。

認知心理學認為人體就如電腦般，可以將其視為從眼、耳、鼻等感覺器官接收訊息的裝置，而人的心理就像是負責處理訊息的系統或軟體。

人的情緒、注意力、記憶、思考等等，都是感覺器官將接收到的訊息，經由心理這個軟體判斷所得出的結果。如果要理解軟體的活動（心理運作），就必須知道軟體的程式指令。因此為了理解心理的程式，認知心理學注重的是透過實驗等方式將心智活動「模式化」。

圖為將記憶結構模式化的實驗，假設記憶模式有A、B兩種。「回想記憶」這類與單純行為相關的心理運作，其實也有各式各樣的模式（關於記憶的結構請參見第2章）。

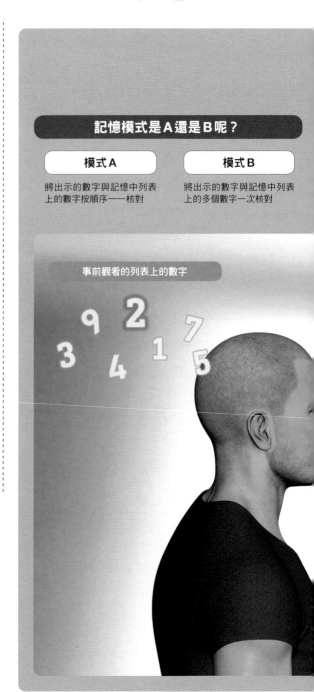

記憶模式是A還是B呢？

模式A
將出示的數字與記憶中列表上的數字按順序一一核對

模式B
將出示的數字與記憶中列表上的多個數字一次核對

事前觀看的列表上的數字

奈瑟

（Ulric Neisser，1928～2012）

在其著作《認知心理學》中，將研究內心訊息處理過程的學問命名為「認知心理學」的心理學家。奈瑟和研究認知功能會隨年齡增長而發展的布魯納（Jerome Bruner，1915～2016），都是認知心理學初創時期的重要人物。

探索記憶結構的實驗

美國的心理學家史登柏格（Robert J. Sternberg，1949～）所進行的實驗。讓受試者觀看數字列表後，令其判斷再次出示的數字是否有在列表中。假設記憶的模式有兩種：將出示的數字與記憶中列表上的數字按順序一一核對的「模式A」，以及將出示的數字與記憶中列表上的多個數字一次核對的「模式B」。實驗結果顯示，當列表上的數字個數越多則判斷所需的時間越長，因此可以得知應為「與記憶中列表上的數字按順序一一核對（模式A）」。圖為將人心比喻為依特定程式動作的機器人之示意圖。

出示的數字

「社會心理學」指出個人會受到團體的影響

德裔美籍心理學家勒溫（Kurt Lewin，1890～1947）發現，人的思考方式和行為，會受到與他人的關係或周圍團體的影響。若要正確理解現實社會中的心理運作，重點應該放在與他人及周邊環境的關係。

從人與人的關係來探討心智活動的新學問「社會心理學」（social psychology），其實承襲了完形心理學的看法。完形心理學主張人類的知覺並非各個分離要素的總和，而是取決於要素所處的「環境」。社會心理學認為這個看法不僅適用於知覺，也適用於思考。

社會心理學的研究領域是與人心有關的各種現象，例如對別人好意的感受方式、在團體中的行為模式。也可以說這門心理學在探究的是，當人際關係和社會環境都處於不斷變化的狀態時，適應急遽變動社會的心理運作歷程。

勒溫的公式

$$B=f(P \cdot E)$$

行為（B）＝個人（P）×環境（E）的函數

B：behavior（行為）

P：person（個人／人格／價值觀等）

E：environment（環境）

f：（function）函數

勒溫發表的理論

「勒溫的公式」是說明「行為是個人與環境兩方面因素交互作用的結果」的公式。除此之外，他還發表了「場地論」（field theory）、「團體動力學」（group dynamics）等。勒溫將研究理論放在現實社會中實驗，並經過重複的反饋，最後提出了解決實際社會問題的「行動研究」（action research）理論。

勒溫

（1890～1947）

從受納粹控制的德國逃往美國的心理學家。勒溫以自身的從軍經驗為基礎，主張人的行為不只受到個性、慾望影響，也會被身處的環境所左右。也透過實驗證明了社會環境的變化會大大影響人的心理狀態，因此被視為社會心理學的創始者。

場地論

人的行為會受到自己置身的「場地」影響

「場地」指的是個人身處的環境，亦即「生活空間」。以下方的職場情境為例，在常獲得上司稱讚的職場中，行為會比較主動積極；若是在上司老愛斥責下屬的職場中，態度就會變得畏縮。人的行為不只跟個性有關，「場地」也是影響的關鍵因素。

※情緒效價是指促使個人靠近或逃避某事物的特性。正效價具有吸引的特性，負效價則是使人遠離的要素。

正效價的場地	負效價的場地

例如有個會稱讚、鼓勵自己的上司，吸引人想要靠近的場地。	例如有個總愛斥責下屬的上司，讓人不禁想要逃避的場地。

團體動力學

研究團體中的個人行為以及個人受到團體的影響

以勒溫進行過的「促進飲食生活習慣改變」的實驗為例。當時美國由於戰爭的緣故導致食物短缺，因此拜託勒溫提出能讓人們願意食用動物內臟的方法。該實驗將受試者分成兩組，一組由講師對大家說明內臟的調理方式，一組讓大家針對食用內臟一事進行討論。結果顯示，經過討論決定該怎麼做的那一組之後願意食用內臟的比例高於聽講的組別。

聽講組	討論組

從精神醫學到臨床心理學的誕生

直到19世紀後，治療心理疾病的「精神醫學」（psychiatry）才成為醫學的一個分支。

自古以來，大多認為心理疾病的原因來自於惡靈或神鬼之類的宗教因素。古希臘時代的醫師希波克拉底（Hippocrates，前460左右～前370左右）雖然對此持否定意見，但心理疾病直至中世紀都還是傾向歸咎於宗教信仰。

進入17世紀後，人們逐漸以醫學觀點來探究心理疾病，並將患者送至設施收容，但尚未研發出藥物，也沒有明確的治療方式。

19世紀後生物精神醫學盛行，開始將重點放在心理疾病與腦、神經的關聯性。法國精神科醫師皮內爾（Philippe Pinel，1745～1826）以讓精神病患者從原本的鎖鏈、腳鐐拘束中解放而聞名，這也成為日後精神醫療的發展契機。

當時對於罹患「歇斯底里」（hysteria，參見專欄）的患者，會採用「催眠治療」（hypnotherapy）。在意識層面上進行治療，可以讓「潛意識」逐漸浮現出來。「潛意識」是佛洛伊德（Sigmund Freud，1856～1939）相當關注的領域，也因此推動了「臨床心理學」的發展。

古代	中世紀	19世紀
古希臘時代的醫師希波克拉底認為，心理疾病與邪魔、神鬼等超自然的力量無關。	罹患心理疾病的人被當成女巫，甚至遭到搜捕。	精神醫學成為醫學的一個分支。

希波克拉底
（前460左右～前370左右）

皮內爾
（1745～1826）

歇斯底里與催眠治療

歇斯底里是指身體器官沒有異常,卻持續出現各種身體症狀的精神官能症,若以現代的診斷基準則會將其歸類為轉化症(conversion disorder)或解離症(dissociative disorders)。以前的人認為歇斯底里是女性特有的疾病,歇斯底里的語源即來自希臘文中的「子宮」(hystera)。1885年,一向對催眠治療很感興趣的佛洛伊德前往法國,師承將催眠治療用於歇斯底里患者的神經科醫師夏爾科(Jean-Martin Charcot,1825～1893)。返國後,佛洛伊德也開始以催眠的方式來治療歇斯底里,並於1895年與前輩醫師布洛伊爾(Josef Breuer,1842～1925)合著出版了《歇斯底里研究》(Studies in Hysteria)。右圖為夏爾科對患者進行催眠治療的示意圖。

從精神醫學到臨床心理學

直到19世紀才開始將心理疾病納入醫學的領域,臨床心理學也隨之誕生。

臨床心理學的誕生

佛洛伊德

(1856～1939)

榮格

(1875～1961)
(第38頁)

阿德勒

(1870～1937)
(第40頁)

重視「潛意識」的佛洛伊德

奧地利精神科醫師暨神經學家佛洛伊德（1856～1939）對於「潛意識」有深入的探討。

所謂潛意識，是指無法由自己掌握的意識。在佛洛伊德的時代，一般認為自己的思維和行為都是自己可以掌握和控制的，因此佛洛伊德的主張不僅是劃時代的新觀念，同時也被視為異端。

為了理解潛意識的結構，佛洛伊德提出了一個假說，將心理分成「本我」、「自我」、「超我」三個部分。他在治療患者的過程中又發現，人的行為與本能衝動（原慾，第36頁）有極大的關聯，因此得知「本我」就是掌管本能衝動的部分。

佛洛伊德認為在現實生活中必須控制住本我的本能衝動，而負責調節的正是「自我」，自我又會受到以道德良心為原則的「超我」影響，意識就是在這三個部分的交互作用下形成。

人的心理分為三個層次

佛洛伊德觀察到患者在潛意識意識化時，會引起心理抵抗。為了釐清抵抗意識化的心理功能為何，所以將心理分成了「本我」、「自我」、「超我」三個部分。自我不僅要控制本我的衝動，還要調節因超我的倫理道德所產生的衝突。如果無法抑制住這些慾求，則可能引發歇斯底里。

佛洛伊德
（1856～1939）
奧地利精神科醫師。創立了「精神分析」的技法，解開在潛意識中受到壓抑的慾求或糾葛。佛洛伊德的理論對後來的臨床心理學影響非常深遠。

超我
（super-ego）　做出道德良心等善惡的判斷

自我
（Ego）　在超我的衝突和本我的衝動之間，遵循現實的原則予以調整

本我
（es）　本能衝動的慾望。稱之為es（德文）或是id（拉丁文）皆可

意識

潛意識

要坐哪張椅子的選擇
由潛意識決定

圖所描繪的是一位男性從紅色和綠色兩張
椅子中，在潛意識下選擇坐綠色椅子的情
景。佛洛伊德認為我們絕大部分行為都受
到潛意識支配。

透過夢境內容解析慾望的「夢的分析」

佛洛伊德將心理分成三個層次，其中的「本我」是性能量的源頭。性能量也是一種本能的能量，稱為「原慾」（libido，拉丁文的強烈慾望之意）。原慾是比性慾更為寬廣的概念。在各個成長階段支配人類行為的本能衝動必須得到滿足，原慾才會隨著年齡的增長逐漸轉為性愛。

此外，佛洛伊德發現催眠治療會增強歇斯底里的症狀，因此改變了治療方法。他改為採用從一句話聯想到另一句話的「自由聯想法」（free association）以及分析夢境內容的「夢的分析」（dream analysis），試圖去理解人的潛意識。像這樣把被壓抑的內心狀態意識化的方法和理論，就稱之為「精神分析」。

佛洛伊德所提出的「精神分析」後來由榮格（Carl Jung，1875～1961）、阿德勒（Alfred Adler，1870～1937）等心理學家和精神科醫師傳承，並衍生出其他的學派與理論。

原慾

佛洛伊德認為性方面的能量除了性器官之外，也會投向身體的不同部位。原慾發展的整個過程可以分為五個階段：口腔期、肛門期、性器期、潛伏期與生殖期。

0歲	1歲半左右	2歲左右	3歲左右	4歲左右	5歲左右	6歲左右	12歲以後

口腔期
透過吸吮、咀嚼等以口腔為中心的部位得到滿足。

肛門期
從按照自己的意志自由排泄、能夠自我控制求而得到滿足。

潛伏期
原慾不會外顯的時期。

生殖期
隨著身體第二性徵的出現，原慾的對象轉為同齡的異性。

性器期
不論男女都能從碰觸自己的性器官來滿足原慾。

伊底帕斯期
對異性父母產生依戀，對同性父母產生敵意。

佛洛伊德的理論

佛洛伊德嘗試用各種方法來進行精神分析，例如「自由聯想法」、「夢的分析」等。他所提出的理論除了本單元列舉的項目以外，還有「防衛機制」（第198頁）等多個概念。

自由聯想法

患者可自由訴說心中想到的任何事情

先讓患者平躺在長椅或沙發上，在其放鬆狀態下進行。照片只是示意圖，精神分析師應該要坐在患者看不到的位置。任憑患者講出腦海中浮現的任何想法，再由精神分析師就患者所說的內容進行分析。

夢的分析

從夢境的內容揭露潛意識的本能衝動

人在睡眠期間，壓抑程度會降低。如果將夢境視為人潛意識中的願望，那麼透過分析夢境的內容，就能釐清潛意識的本能衝動。佛洛伊德將自己所做過的夢記錄下來並進行研究，最後集結出版了《夢的解析》。

戀母情結／戀父情結

兒童在性器期時會對父母產生的一種情結。戀母情結又稱為伊底帕斯情結（Oedipus complex），名稱源自於希臘神話中娶自己母親為妻的王子伊底帕斯；戀父情結後來被榮格命名為「厄勒克特拉情結」（Electra complex）。男孩在依戀母親的同時會產生「閹割焦慮」（castration anxiety），害怕自己的感情一旦被父親發現的話性器官可能遭到切除，因此會壓抑對母親的愛戀而轉向認同父親。

生之本能／死之本能

生之本能的原文「Eros」源自希臘神話中的愛神之名；死之本能的原文「Thanatos」則取自死神之名。人的行為是基於從緊張不快的狀態解放的「快樂原則」（pleasure principle），但有時也會出現自傷、殺人等造成緊張狀態的現象，佛洛伊德稱之為「死之本能」，與「生之本能」是對立的概念。

師承佛洛伊德的榮格
創立的「分析心理學」

瑞士精神科醫師榮格（1875～1961）雖然是佛洛伊德的門徒，但他認為原慾並非如佛洛伊德所主張的只著重在性的方面。此外，榮格根據原慾是流向自己的內在還是外部，將人分成了「內向」與「外向」，再與四種心理功能組合並歸納成8種類型。

榮格在「潛意識」的看法上也與佛洛伊德不同。他發現思覺失調症患者在言談中提及的幻想內容有時會與古代宗教的內容相仿，

也與世界各國的神話有許多共通要素。因此，榮格提出在比個人潛意識更深的底層還有全人類共通的「集體潛意識」，而集體潛意識的要素被命名為「原型」（archetype）。

由於與佛洛伊德的精神分析有上述這些歧異，所以榮格的心理學被稱為「分析心理學」（analytical psychology）。

原型和集體潛意識

舉例來說，古今東西都有聖母、女神等象徵包容和溫柔的「母親」意象，這在原型中稱為「大地之母」（mother goddess）。其他的原型例子還有：男性中存在著女性特質的「阿尼瑪」（anima）、女性中存在著男性特質的「阿尼姆斯」（animus）、老智者、陰影、搗蛋鬼等等。此外，榮格還提出了「面具人格」（persona）的概念，指出為了適應社會生活，人會在與他人相處時隱藏自己的想法。

自我

個人潛意識

集體潛意識

與佛洛伊德對於「潛意識」的看法分歧，榮格認為「個人潛意識」的下層還有全人類共通的「集體潛意識」。

榮格
（1875～1961）
瑞士精神科醫師。師承佛洛伊德，
但後來兩人分道揚鑣。榮格提出的
概念「集體潛意識」不僅用於疾病
的治療，也對文化、社會的組成提
供了洞見。

榮格的理論

類型論

榮格從愛好、興趣等心理能量（原
慾）是偏向自己的內部還是外部，將
人區分成內向型、外向型這兩種。

外向	內向

能量向外流動	能量向內流動

四種心理功能

榮格認為心理具有思考、情緒、感
覺、直覺四種功能。

8種人格類型

將四種心理功能與外向、內向的程度
結合，衍生出8種人格類型。

思考

合理地判斷事情

外向思考型
用常理來思考事情，
重視客觀事實的類型。

內向思考型
重視主觀，不會
被他人的意見影響。

情緒

憑情緒判斷事情

外向情緒型
具高度同理心，
人際交往能力強。

內向情緒型
感受性強，重視
自己內心的充實感。

感覺

憑感覺判斷事情

外向感覺型
對現實的適應性高，
追求快樂的傾向較強。

內向感覺型
比起道理，更偏好以
感覺來看待事情的本質。

直覺

憑直覺判斷事情

外向直覺型
重視靈感、創意，
努力追求新的可能性。

內向直覺型
愛做夢，重視
靈感的藝術家類型。

開創「個體心理學」的阿德勒

奧地利精神科醫師阿德勒一度與佛洛伊德共同研究，但後來因為見解分歧而決裂。

「個體心理學」（individual psychology）為阿德勒所創立，又稱為阿德勒心理學。阿德勒反對將人的心理分成如「理性與感性」、「意識與潛意識」之類的對立存在，應將個體視為不可分割的最小單位，這與佛洛伊德認為心理可以分割成多個層次的看法迥異。此外，佛洛伊德主張人的行為皆源於過去的

經驗，但阿德勒相信行為的背後都有其目的（下圖）。

同時，阿德勒認為人的行為不只取決於生物本能，也必須考量到所處的社會環境。他提出自卑情結（inferiority complex）、認知論、人際關係論等概念，將重點放在人格的形成、發展以及與他人的關係上。

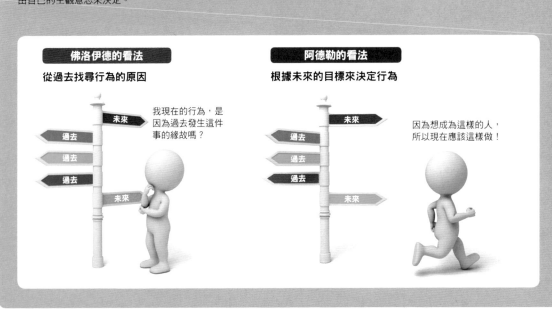

與佛洛伊德的差異

佛洛伊德主張人的行為取決於過去的經驗，但阿德勒認為透過預想未來的目標就可以改變行為。行為並非受潛意識或情緒支配，而是由自己的主觀意志來決定。

佛洛伊德的看法

從過去找尋行為的原因

未來
過去
過去
過去
未來

我現在的行為，是因為過去發生這件事的緣故嗎？

阿德勒的看法

根據未來的目標來決定行為

未來
過去
過去
過去
未來

因為想成為這樣的人，所以現在應該這樣做！

阿德勒

阿德勒
（1870 ～ 1937）

奧地利精神科醫師，發展出與佛洛伊德不同的人格理論。阿德勒小時候身體不好、成績也差，老覺得自己不如哥哥。但經過努力之後成績不但進步了，也克服了自卑感。因此阿德勒以自身的經驗為例，提出「自卑情結」的概念。

自卑情結

「自卑情結」是誇大本身自卑感的情緒，並當成逃避的藉口；「優越情結」（superiority complex）是無法克服自卑感，而改為追求自己優越於他人的情緒。不過，阿德勒並不認為有自卑感是一件壞事，因為克服自卑感的慾求會成為行為的動力，這一種心理現象稱之為「補償作用」（compensation）。克服自卑感的方式有兩種，以不擅長運動的人為例，可以透過練習來提升表現，也可以改往念書等其他的領域發揮所長。

自卑感

將自卑化為動力
往前邁進！

我是運動白癡，所以
什麼事都做不好

阿德勒的理論

除了此處所列舉的以外，阿德勒提出的理論還有很多，例如分辨是自己還是他人所必須克服之課題的「課題分離」（separation of subjects）、人會在成功與失敗的反覆過程中形成思維或行為模式的「生活方式」（life style）等等。

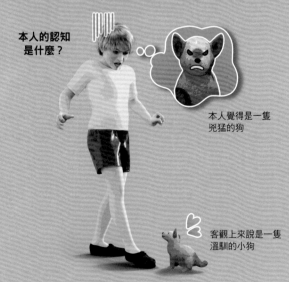

**本人的認知
是什麼？**

本人覺得是一隻
兇猛的狗

客觀上來說是一隻
溫馴的小狗

整體論
主張不能以理性和感情、意識和潛意識之類的對立標準將人分開來看，個體就是「不可分割的最小單位」。

人際關係論
人的煩惱並非源於自己的內心，而是來自與他人的關係。

認知論
重點不在於客觀上看起來是什麼，而是本人（主觀上）對此的認知是什麼。

發展出廣泛多元領域
的心理學

第一次和第二次世界大戰期間，臨床心理學被運用於診斷受到戰爭創傷的軍人，在精神衛生層面的分析上相當活躍並急速發展。

佛洛伊德創立的精神分析一開始是由醫師負責執行，但是20世紀後執行心理治療的人已不再是醫師，而改由學習心理治療的專業人員進行。

心理學的研究領域十分廣泛，有社會心理學、認知心理學、臨床心理學、發展心理學等等。就如同第8頁所述，在各領域應運而生的分支不少，從以社會整體的心理為對象到探究個人心理的學派都有。

心理學不只處理心理上的問題，日常生活中無意的行為背後也潛藏著心理運作，身處團體之中時又是不同的心理狀態。隨著心理學的發展，各種心理和行為運作的機制也逐漸明朗。

第2章介紹的是認知心理學，而第3章的主題是本章沒有提及的發展心理學。實際生活中的心理活動及其理論、法則，則是從第5章開始針對每一種情況來舉例說明。

專欄
COLUMN

日本的心理學歷史

「心理學」一詞是由活躍於江戶後期～明治時代的哲學家西周（1829～1897）翻譯而來的日文漢字。元良勇次郎（1858～1912）是日本的首位心理學家，他前往美國約翰霍普金斯大學研習實驗心理學，並將實驗法、調查法、觀察法等研究方法帶回日本，還在帝國大學（現在的東京大學）開設了心理學課程。1903年，於德國萊比錫大學師承馮特的松本亦太郎（1865～1943）在帝國大學設立心理學實驗室，1927年又創設了日本心理學會，為日本的實驗心理學奠基。完形心理學則是昭和年代（1926～1989）以後，由留學德國柏林大學研究心理學的佐久間鼎（1888～1970）等人傳入日本。

從不同的領域
解釋心理和行為

心理學的領域廣泛又多元，但都是為了
從學術的角度來解釋心理和行為。

身體和心理的關係

生理心理學／認知心理學

（第46頁～）

心智發展與個別差異

發展心理學　　　（第82頁～）

個別差異心理學　（第104頁～）

社會和人際關係的心理

人際關係心理學　（第122頁～）

團體心理學　　　（第142頁～）

犯罪心理學　　　（第162頁～）

心理支持

臨床心理學　　　（第178頁～）

如何成為日本的「公認心理師」、「臨床心理士」

日本的公認心理師、臨床心理士是在臨床現場陪伴病人，並解決其心理問題的專業人員。提供心理協助的職種名稱包括：心理諮商師、心理治療師、心理輔導員等等，而資格的種類若將民間法人、團體認定包含在內的話也十分多元。

只有「公認心理師」具備國家資格

日本最廣為人知的臨床心理資格應該就是臨床心理士了。但在2015年《公認心理師法》公布後，2017年起開始施行具備國家資格的「公認心理師」制度。這是因為近年來心理健康雖已逐漸成為重要的課題，但卻遲遲沒有考取國家證照的管道，所以才由國家制定出審核專職心理人員資質的制度。目前公認心理師的考試每年會舉行1次。

從醫療、教育到社會福利領域都是活躍的舞臺

民間資格有很多種，從需具備綜合性知識的諮商師資格，到藝術治療士、育兒心理諮商師等各種特殊領域的資格都有。活躍的範圍也會依據資格種類而有所不同，例如在學校協助兒童、在老人福利中心服務長者等，需求領域相當廣泛。此外，像是支援職場員工的產業諮商師，需求量也很高。

資格種類

國家資格 公認心理師

提供高度專業的資訊
根據《公認心理師法》從2017年開始實施的國家資格。應試資格為四年大學心理學科系及研究所畢業，並依施行規則修畢規定的科目。

認定資格 臨床心理士

解決諮商個案的心理問題
1988年由財團法人日本臨床心理士資格認定協會所制定的資格。運用諮商等心理治療的方法，解決個案的心理問題。應試資格為指定的大學或培育臨床心理士相關的專門職業研究所畢業等，且須接受資格審查考試。

其他資格
若是將民間法人、團體認定的民間資格等都包含在內，心理學相關資格的種類其實很多。

學校心理士
臨床發展心理士
輔導諮商師
認定心理士
產業諮商師 等

教育領域
學校內的諮詢室、教育中心、各種教育諮詢機構等

醫療保健領域
醫院、診所（精神科、心身醫學科以外）、衛生中心、復健中心等

社會福利領域
兒童諮詢所、身心障礙者庇護工場、女性諮詢中心、老人福利設施等

司法矯正領域
家事法庭、少年觀護所、監獄、兒童自立支援設施、警務相關的專業諮詢業務等

勞動產業領域
企業內諮詢室、企業內健康管理中心、公立職業介紹所（求職諮詢中心）、身心障礙者職業中心等

活躍領域

2

身體和心理的關係

Relationship between body and mind

心理和身體之間
互有關聯

「**心**」究竟在哪裡？這是自古以來人類不斷在思考的問題。希臘哲學家亞里斯多德（前384左右～前322左右）認為「心就在心臟中」；醫師希波克拉底（前460左右～前370左右）認為知覺和智力都來自於腦；哲學家柏拉圖（Plato，前427左右～前347左右）則提出了靈魂和肉體分開的二元論。也有人主張一元論，亦即身心是不可分割的整體。

「心」和身體之間其實互有關聯。腦會從視覺、聽覺等身體各感覺器官得到訊息，掌握自己周遭的狀況後再採取行動。反之，情緒和記憶也會影響身體。隨著醫學的進步，無形的心理領域也能逐漸透過有形的腦部研究來解明。不過腦的運作極為複雜，目前仍有尚待釐清之處。

生理心理學（physiological psychology）屬於心理學領域之一，主要探究人類生理學方面的活動與心理狀態之間的關聯。而實驗心理學則是以科學的實驗方法研究人體機能，釐清人是如何從五感蒐集到的訊息掌握自己與外界的狀況並採取適當行動。為了得知心理的狀態，就必須先理解基本的腦部結構及其運作機制。

本章的主題為「認知心理學」，接下來將從腦和記憶的構造、記憶的方式和種類，來逐一探討人的認知過程。

五感

聽覺、嗅覺、味覺、觸覺和視覺，合稱為「五感」。腦會經由眼睛、鼻子等感覺器官蒐集訊息，以獲得對外界的認知。

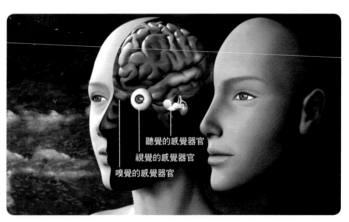

聽覺的感覺器官
視覺的感覺器官
嗅覺的感覺器官

聽覺　　　　嗅覺　　　　味覺　　　　觸覺　　　　視覺

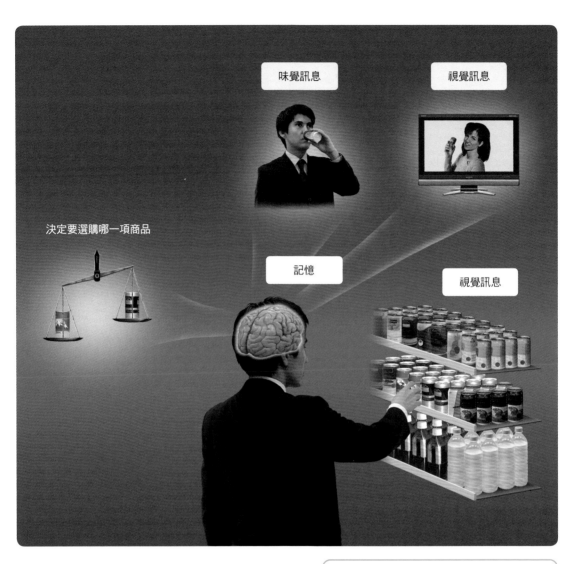

味覺訊息

視覺訊息

決定要選購哪一項商品

記憶

視覺訊息

五感和記憶會左右行動

舉例來說，要從多款罐裝咖啡中挑選出一樣時，腦
會以視覺傳送過來的訊息和記憶中的訊息為基礎來
選擇商品。記憶中的訊息指的是嘗過的咖啡味道、
過去映入眼簾的廣告印象、與罐裝咖啡有關的情緒
記憶等等。

腦是控制身體的神經細胞集合體

成 人的腦重量約1200～1500公克，浸潤在顱骨之中名為「腦脊髓液」的無色透明液體中。腦由「神經細胞」（神經元，neuron）與「神經膠細胞」（glial cell）組成。

　　腦從前方看基本上是呈現左右對稱的結構。腦的表面布滿「大腦皮質」（cerebral cortex），負責控制知覺、思考、運動等。

　　大腦包覆的「間腦」（diencephalon）位於腦深處中央部位，以「視丘」（thalamus）為中心。視丘能匯集嗅覺之外的各種感覺訊號並將其傳至大腦。

視丘的下方有「橋腦」（pons）、「延腦」（medulla oblongata）等部位，負責調整呼吸和心臟的節奏。「小腦」（cerebellum）位於視丘的右下方，可以調節眼球、手腳動作、姿勢等。如果將腦比喻成一棵樹，間腦、橋腦及延腦就像是「樹幹」一樣，三者合稱為「腦幹」（brain stem）。延腦末端與「脊髓」（spinal cord）相連，脊髓是沿著脊椎骨延伸出去的神經束。

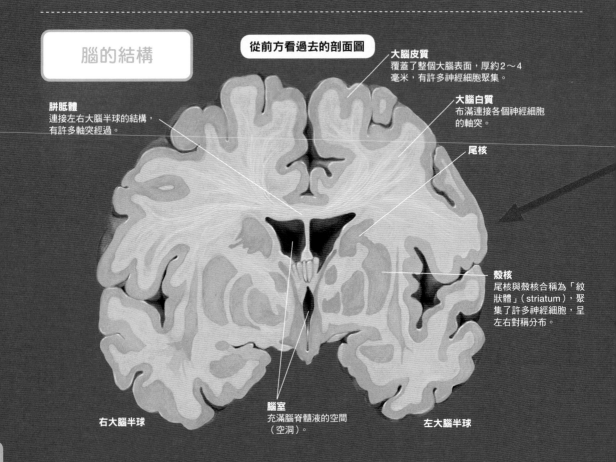

腦的結構

從前方看過去的剖面圖

大腦皮質
覆蓋了整個大腦表面，厚約2～4毫米，有許多神經細胞聚集。

胼胝體
連接左右大腦半球的結構，有許多軸突經過。

大腦白質
布滿連接各個神經細胞的軸突。

尾核

殼核
尾核與殼核合稱為「紋狀體」（striatum），聚集了許多神經細胞，呈左右對稱分布。

右大腦半球

腦室
充滿腦脊髓液的空間（空洞）。

左大腦半球

神經細胞和神經膠細胞

神經細胞藉由細長的突起，在神經細胞之間傳遞訊號。神經膠細胞分布在神經細胞的周圍，輔助神經細胞的活動。

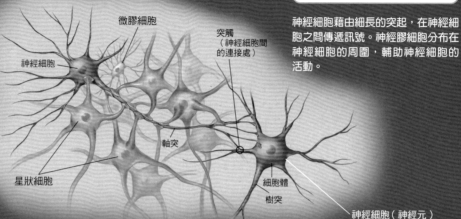

微膠細胞

突觸（神經細胞間的連接處）

神經細胞

星狀細胞

軸突

細胞體

樹突

神經細胞（神經元）

腦的表面

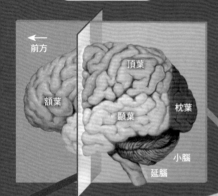

 前方

頂葉

額葉

顳葉

枕葉

小腦

延腦

從側面看過去的剖面圖

視丘
「間腦」的一部分。匯集嗅覺以外的感覺訊號，再將訊號送往大腦。

右大腦半球

胼胝體

橋腦

延腦
延腦與橋腦共同控制呼吸及心跳的節奏。

小腦
可以調整眼球及手腳動作、控制姿勢、調節運動的強度與方向。

記憶是由神經細胞的網路建構而成

大腦的最外側有層名為「大腦皮質」的部分，由大約140億個神經細胞構成，厚2～4毫米。大腦皮質負責思考、判斷等智能活動，而其內側則有掌管本能、情緒的「大腦邊緣系統」（limbic system）。從眼（視覺）、鼻（嗅覺）、皮膚（觸覺）等各感覺器官傳送過來的訊號，會先匯集在大腦邊緣系統的「內嗅皮質」（entorhinal cortex），接著傳到旁邊的「海馬迴」（hippocampus）。內嗅皮質雖然有個「嗅」字，但除了嗅覺之外，也集結了其他的感覺訊息。海馬迴將這些訊號整理、統合後，會分別送至大腦皮質的「視覺皮質」（visual cortex）、「嗅覺皮質」（olfactory cortex）等負責處理視覺及嗅覺訊息的區域，並儲存成為記憶。每當需要回想某件事物時，就會循著反方向的同條路徑來提取記憶。

製造出新的迴路，讓記憶更新

腦在形成新的記憶時，突觸的形狀會產生變化。如果反覆學習同一件事物，同一個突觸就會一直收到訊號，使得突觸變大（上）並提高傳遞訊號的效率。反之，不常收到訊號的突觸就會逐漸變小，甚至消失（下）。

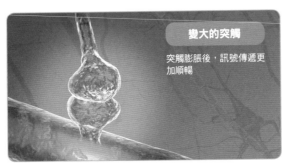

變大的突觸

突觸膨脹後，訊號傳遞更加順暢

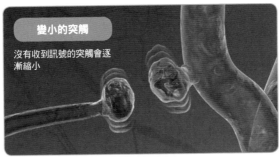

變小的突觸

沒有收到訊號的突觸會逐漸縮小

枕葉

小腦

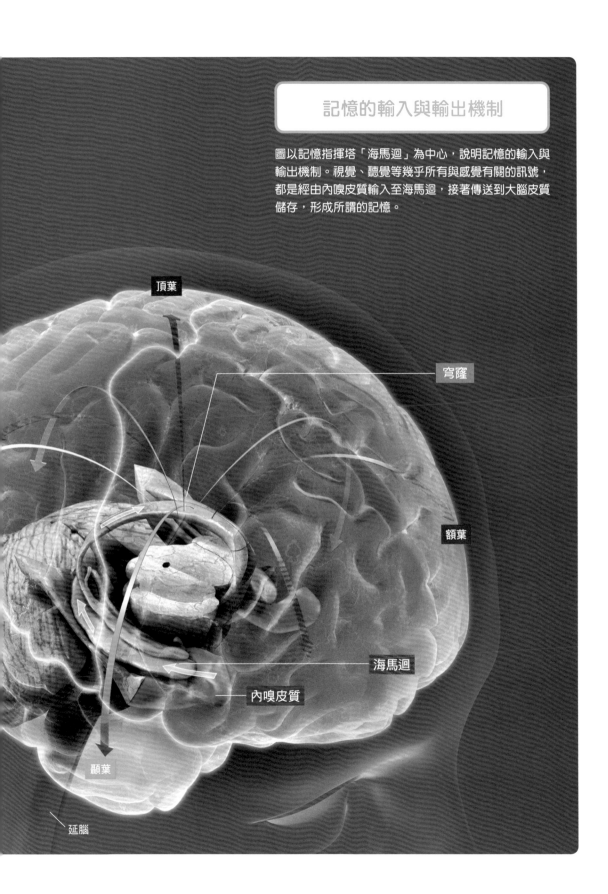

記憶的輸入與輸出機制

圖以記憶指揮塔「海馬迴」為中心，說明記憶的輸入與
輸出機制。視覺、聽覺等幾乎所有與感覺有關的訊號，
都是經由內嗅皮質輸入至海馬迴，接著傳送到大腦皮質
儲存，形成所謂的記憶。

頂葉

穹窿

額葉

海馬迴

內嗅皮質

顳葉

延腦

經由短期記憶形成長期記憶

德國心理學家艾賓豪斯（Hermann Ebbinghaus，1850～1909）是第一個用實驗方法研究記憶的人，他進行有關「記憶遺忘的速度」（遺忘曲線）的實驗。但是在艾賓豪斯過世以後，又逢行為主義興起，使得記憶的研究停滯不前。直到20世紀後半期隨著認知心理學的發展，記憶研究才再次受到關注。

記憶依照維持時間的長短，可分成3種：感覺記憶（sensory memory）、短期記憶（short-term memory）以及長期記憶（long-term memory），這就是所謂的「多重儲存模型」（multi-store model）。

感覺器官接收訊息後會形成瞬間的記憶，即感覺記憶，但維持的時間僅有0.5秒左右。我們會從當中有意識地擷取欲保留的訊息，並傳送到腦中的海馬迴，作為「短期記憶」保存。

短期記憶的容量不大，雖然也會有個別差異，但若以隨機排列的數字為例，一次最多只能儲存7±2個單位，而且短期記憶持續的時間也不過數十秒。這個觀點來自於美國心理學家米勒（George Miller，1920～2012）所發表的論文。另外，短期記憶可以透過在腦中反覆「複誦」，轉換成長期記憶保存起來。長期記憶不會輕易消失，屬於極為穩定的記憶。

遺忘曲線

「遺忘」就是無法想起記憶。艾賓豪斯進行實驗，想要知道已經記住的事物是如何被遺忘的。實驗結果顯示，剛記住不久的記憶率幾乎是100%，但1小時後就下降到約50%，6天後更是低至25%，約1個月後便趨於穩定。根據這些變化描繪而成的圖形就是「遺忘曲線」（forgetting curve）。

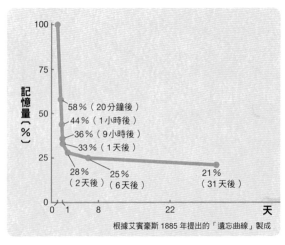

記憶量（％）

100

75

50 — 58%（20分鐘後）
44%（1小時後）
36%（9小時後）
33%（1天後）

25 — 28%（2天後） 25%（6天後） 21%（31天後）

0

1　8　22　天

根據艾賓豪斯1885年提出的「遺忘曲線」製成

短期記憶的容量7±2

短期內能夠記住的容量「7±2」並不是文字數之類的訊息量，而是指7±2個「意元」（chuck）。所謂意元，就是短期記憶中暫時能儲存的資料單元或意義單元。舉例來說，梅乾用注音的話有5個意元，以文字來表示為2個意元，若直接理解梅乾本身的則可視為1個意元。

	意元數量
ㄇㄟˊ ㄍㄢ	（5）
梅　乾	（2）
	（1）

米勒
（1920～2012）

美國心理學家。針對人類的記憶容量進行研究，發現短期能記憶的訊息量約為 7 個單位，亦即「神奇數字 7」。曾任美國心理學會的會長，1991 年獲頒美國國家科學獎。

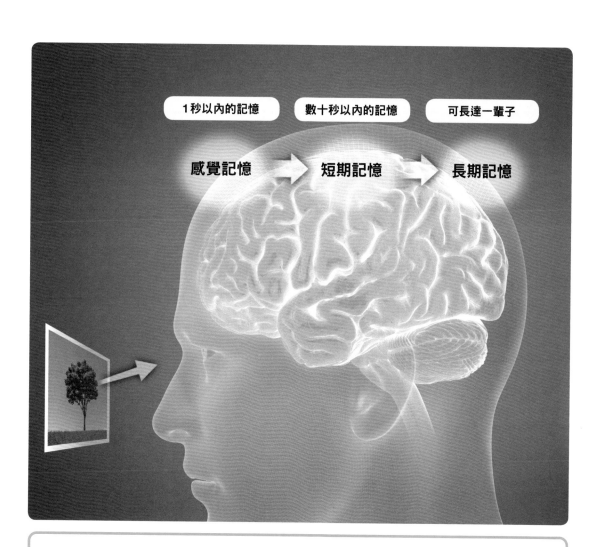

三種記憶的儲存庫

由美國心理學家艾金生（Richard Atkinson，1929～）和謝扶潤（Richard Shiffrin，1942～）所提出的記憶模型。記憶的儲存（維持）是由 1 秒以內便會消失的「感覺記憶」一邊取捨訊息，一邊轉移成「短期記憶」、「長期記憶」。兩人將從感覺器官接收到的訊息到轉換成長時間維持的記憶稱為「雙重儲存模型」，之後感覺記憶從短期記憶分離並建立「多重儲存模型」。

記憶有
各式各樣的種類

記 憶亦有不考慮維持時間，而是以內容進行分類的方式。像早餐菜色或是遠足的記憶，都是以何時何地的個人經驗為基礎的事件記憶，這種記憶稱為「情節記憶」（episodic memory）。

所謂的知識也是記憶的一種。例如：當被問

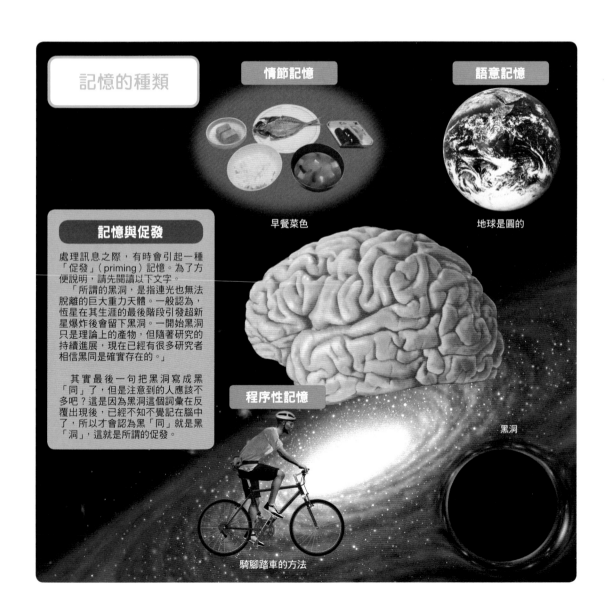

記憶的種類

情節記憶

早餐菜色

語意記憶

地球是圓的

記憶與促發

處理訊息之際，有時會引起一種「促發」（priming）記憶。為了方便說明，請先閱讀以下文字。

「所謂的黑洞，是指連光也無法脫離的巨大重力天體。一般認為，恆星在其生涯的最後階段引發超新星爆炸後會留下黑洞。一開始黑洞只是理論上的產物，但隨著研究的持續進展，現在已經有很多研究者相信黑同是確實存在的。」

其實最後一句把黑洞寫成黑「同」了，但是注意到的人應該不多吧？這是因為黑洞這個詞彙在反覆出現後，已經不知不覺記在腦中了，所以才會認為黑「同」就是黑「洞」，這就是所謂的促發。

程序性記憶

黑洞

騎腳踏車的方法

及地球是圓的嗎？大家都會馬上回答「是」。可是親眼看過整個地球的人，只有極少數的太空人而已。大部分的人都是從書本或影片中看過或聽過地球是圓的，才會把這個知識記在腦中。而且，現在也已經搞不清楚這個記憶是在何時何地記住的，這樣的記憶就分類為「語意記憶」（semantic memory）。

此外，還有騎腳踏車這類身體的動作記憶。小時候透過練習學會騎腳踏車的人，就算幾年沒碰過腳踏車還是會記得怎麼騎，這種記憶叫做「程序性記憶」（procedural memory）。其他的分類還包括：依照回想記憶時有無意識涉入而分成「外顯記憶」（explicit memory）與「內隱記憶」（implicit memory），兩者的區別在於能否用明確的言語來表述，故又稱為「陳述性記憶」（declarative memory）與「非陳述性記憶」（nondeclarative memory）。

以階層連結相關訊息的記憶模式

「語意記憶」會將相似的概念歸納為同一組予以模式化，代表性的例子就如動物→鳥→鸚鵡般，依照分類的大小區分成多個階層，將相關的訊息（知識）彼此連結並一起儲存起來（下圖）。其他也有像是以「相近」的語意或是類似的發音、拼音等來連結各個訊息的模式。

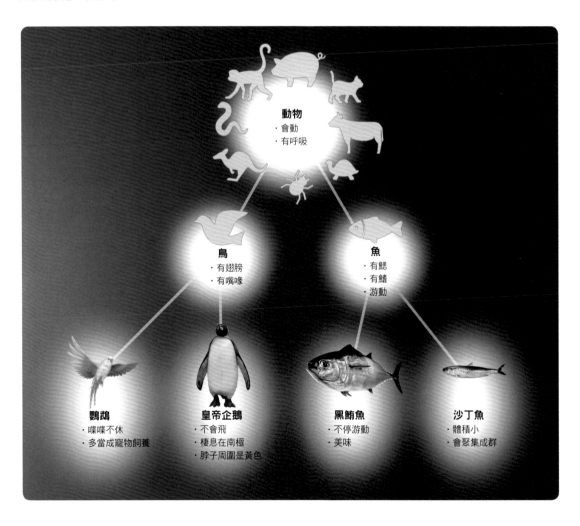

動物
・會動
・有呼吸

鳥
・有翅膀
・有嘴喙

魚
・有鰓
・有鰭
・游動

鸚鵡
・喋喋不休
・多當成寵物飼養

皇帝企鵝
・不會飛
・棲息在南極
・脖子周圍是黃色

黑鮪魚
・不停游動
・美味

沙丁魚
・體積小
・會聚集成群

「認知」是如何形成的呢

大腦皮質會將眼耳等感覺器官傳來的訊息分成幾個部分。以視覺為例，眼睛看到刺激物後分成「形狀」、「顏色」、「動作」等訊息，再傳遞至各個負責處理的區域。可是，如果只把眼睛接收到的訊息做「藍色」、「圓形」之類的處理並沒有意義，腦還會進行更高層次的訊息處理。

假如看到水時，該訊息會先傳到大腦皮質的「初級視覺皮質」（primary visual cortex），接著進入「頂下小葉」（inferior parietal lobule，右圖紅色部分※），在此處將看到的東西識別為「水」，此即形成知覺的大致路徑。

有趣的是，從其他感覺器官取得的訊息也是經由同樣的路線，才能識別刺激物。如果聽到水聲，這個訊息經過「初級聽覺皮質」（primary auditory cortex）進入頂下小葉，接著才識別為「水」。如果手碰到水，從手傳出的訊息經過「初級體感覺皮質」（primary somatosensory cortex）後，一樣會進入頂下小葉，然後識別出這是「水」。

此外，因為手碰到水，令人想起「現在手碰到的東西是水，如果沒弄乾就去拿背包將會沾濕背包，所以要先擦手」的過去經驗（記憶）、推論出未來的結果（思考），這就是認知。

藉由認知的運作，我們才能處理周遭的感覺訊息並做出適當的反應。

※頂下小葉：頂葉聯合區（parietal association area）之中，上部稱為頂上小葉（superior parietal lobule），下部稱為頂下小葉。

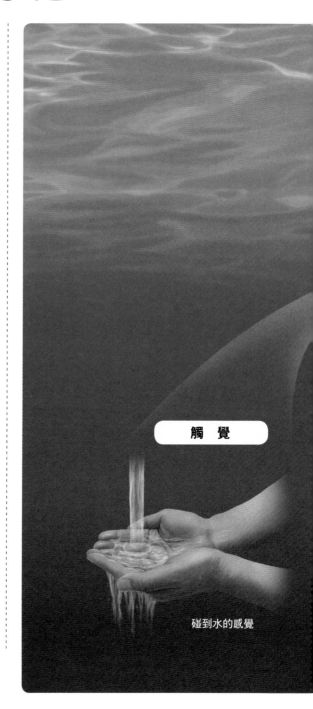

觸　覺

碰到水的感覺

「水」這個概念的誕生過程

圖為人腦從收到各種感覺訊息一直到形成「水」的概念,其大致路徑示意圖。即使訊息來自觸覺、聽覺、視覺等不同的感覺器官,也都會在人腦中形成「水」的同樣概念。此外,圖中省略了中間的路徑。

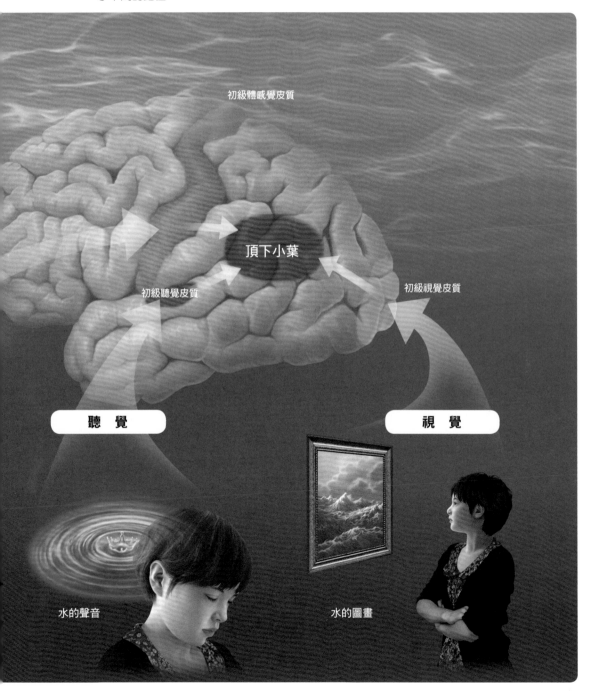

初級體感覺皮質

頂下小葉

初級聽覺皮質

初級視覺皮質

聽　覺

視　覺

水的聲音

水的圖畫

人是如何辨識文字和語詞的？

眼睛只是用來接收視覺訊息的器官。我們能夠理解書面上的文字內容，是因為可以從已辨識的視覺訊息中把文字訊息抽取出來的緣故，此時的心理運作模式就叫做「泛魔識別模式」（pandemonium model）。

在泛魔識別模式下，辨識文字時會經歷如圖所示的四個階段。首先是將映入眼簾的視覺訊息當作圖像來分析的階段（❶），接著從圖像中找尋「直線」、「橫線」等圖形基本特徵（❷），然後從記憶中搜尋符合該圖像特徵的文字（❸），最後是決定所接收到的圖形究竟是哪一個文字的階段（❹）。

從文字圖形中抽取訊息

「泛魔識別模式」是塞爾弗里奇（Oliver Selfridge，1926～2008）提出的型態辨識模型。pandemonium是源自拉丁文的「萬魔殿」或「伏魔殿」之名。泛魔識別模式就是將負責各階段訊息處理的虛擬守門人冠以某某「惡魔」，透過各個惡魔的依序反應來處理訊息。

活化的
特徵惡魔

特徵惡魔

1　影像惡魔

將視覺訊息當作圖像來分析

E

TAKE

視覺訊息

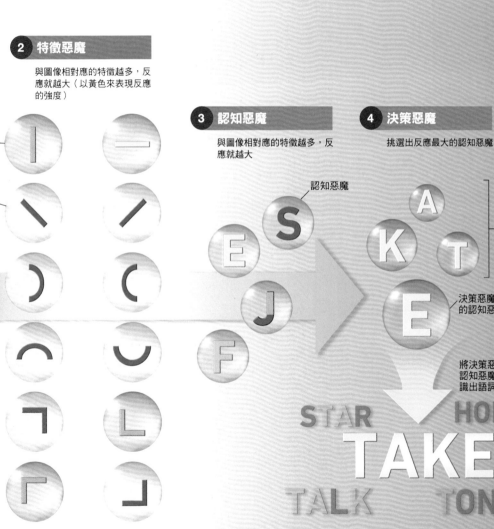

2 特徵惡魔

與圖像相對應的特徵越多,反應就越大(以黃色來表現反應的強度)

3 認知惡魔

與圖像相對應的特徵越多,反應就越大

4 決策惡魔

挑選出反應最大的認知惡魔

認知惡魔

依循相同歷程所挑選出的其他認知惡魔

決策惡魔挑選出來的認知惡魔

將決策惡魔挑選出來的認知惡魔加以組合,辨識出語詞

STAR HOLD
TAKE
TALK TONE

完形法則所引起的「視錯覺」

視錯覺（optical illusion）又稱錯視，意指視覺上的錯覺。右頁上方即為著名的視錯覺圖，水平直線的長度其實完全一樣，看起來卻是長短不一。

完形心理學（第26頁）認為不能將個別的訊息分開來理解，必須從整體去掌握（完形法則，或稱為完形要因）。右頁上圖就是因為水平線周圍的訊息，才會引起視錯覺。右頁下圖也是一樣，實際上所有的直線均為平行排列，不過看起來卻像是傾斜線。

如果仔細觀看下方的黑白斑駁圖像，會發現其中好像畫了什麼東西（以下稱為「X」，答案公布在圖像下方）。一旦注意到X，之後每次看的時候都會馬上浮現出X。這是因為在發現X存在之前與之後，看圖像的角度有所不同的緣故。

我們的心中在什麼都不知道的狀態下，會進行「由下而上」（bottom-up）的訊息處理，也就是先蒐集映入視野的各種訊息，再判斷究竟是畫了什麼。另一方面，當發現畫的是X時，就會活用「應該是畫了X」的訊息，從圖像中尋找有關X的要素，進行「由上而下」（top-down）的訊息處理。人類的「知覺」一般來說都是由下而上的模式。

隱藏在黑白世界中的生物

若仔細凝視，會發現在黑白斑駁的圖像中好像藏有一隻生物。將斑駁區塊一個個分開來看，也看不出個所以然來，但如果將幾個斑駁區塊合併起來看，就會浮現出一隻生物的形狀。像這樣的知覺現象也是完形心理學研究的課題之一。

（圖像中答案的生物：牛（倒看））

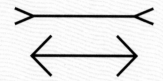

慕勒-萊爾錯覺

龐氏錯覺

其實等長

上圖是「慕勒-萊爾錯覺」（Müller-Lyer illusion），水平線的長度其實是一樣的，但下方的線看來卻比較短。

下圖是「龐氏錯覺」（Ponzo illusion），在具縱深感的圖中配置了兩條等長的線，但「遠處」的線看起來卻比「近處」的線來得長。

視錯覺

這裡列舉了幾個知名的視錯覺圖。我們常認為眼睛看到的東西就是「真實」，但其實不過是自己內心對於視覺訊息的解釋。只要心理狀態（審視方式）不同，眼睛看到的東西也會輕易改變。

實際上是水平線，看起來卻斜斜的

這張圖是「咖啡廳牆錯覺」（café wall illusion），若將直線的顏色改為白色和黑色，或是變換四角形的排列方式，直線的傾斜方式也會隨之變化。灰色的直線看似交互傾斜，其實全為平行的直線。

因為「知覺恆常性」而產生的視錯覺

認知心理學將人的心理喻為電腦內的軟體，但人的心理運作並無法如電腦般正確，因為每個人的心中存在著各式各樣的「惰性」（inertia）。

「視錯覺」正是巧妙利用心理惰性的現象。隨著認知心理學的發展，人的心理惰性也逐漸被挖掘出來。

舉例來說，在右圖的黑白磁磚中，A、B兩塊磁磚的亮度看似不同，但其實這兩塊磚在印刷上採用了完全相同的亮度。會產生這種視錯覺，是由於腦判斷「雖然B看起來比較暗，但它應該是塊白色的磁磚」。

即便眼前物體的亮度產生變化，我們的腦也能判斷那是同一個東西。因為就算映入眼簾的光線訊息改變，內心仍會對觀測對象產生那是「同一個物體」的知覺，而這種現象就叫做「知覺恆常性」（perceptual constancy）。物體的形狀、大小、顏色、明亮度等各種知覺都具有恆常性。

將兩張圖並排之後，看起來比較斜

左右兩張是同一張比薩斜塔的照片，然而右側的塔是不是看起來比較傾斜呢？此為加拿大的金頓（Frederick Kingdom）所發表的「斜塔錯覺」（leaning tower illusion），是一種利用視角的恆常性引起的視錯覺。在有遠近感的圖片中，當平行的兩條直線向遠處延伸，最終會交於一點（消失點）。原本兩張圖片各有一個消失點，但並排在一起之後，腦判斷兩張圖片應該會有同樣的消失點，因此右側的比薩斜塔看起來比較斜。

實際感受一下腦的「惰性」

圖為美國的阿德爾森（Edward Adelson）發表的「棋盤陰影錯覺」
（checker shadow illusion）。亮度完全相同的兩塊磁磚看起來卻
不一樣，是腦擅自補足修正後的結果，因為判斷狀況為「B原本是塊
白色磁磚，但被圓柱陰影影響所以看起來比較暗」。若用紙之類的東
西遮住Ａ和Ｂ的周圍，應該就能清楚發現兩塊磁磚的亮度相同。

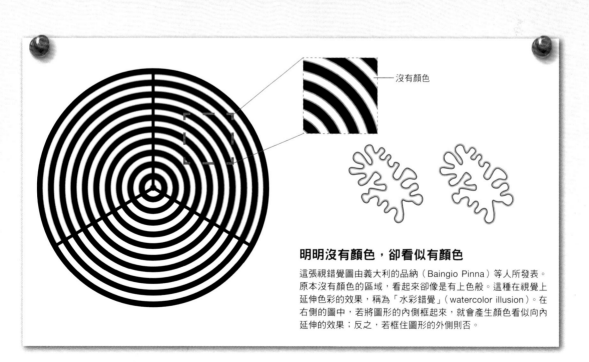

沒有顏色

明明沒有顏色，卻看似有顏色

這張視錯覺圖由義大利的品納（Baingio Pinna）等人所發表。
原本沒有顏色的區域，看起來卻像是有上色般。這種在視覺上
延伸色彩的效果，稱為「水彩錯覺」（watercolor illusion）。在
右側的圖中，若將圖形的內側框起來，就會產生顏色看似向內
延伸的效果；反之，若框住圖形的外側則否。

從實驗得知的「記憶歧義」

右　圖中的15個語詞曾用於某個實驗心理學的研究。大家不妨試試看，花個30秒左右將這些語詞記起來。

然後，拿一張紙把記得的語詞盡可能地寫出來，限時 1 分鐘。沒有全寫出來也沒關係。

在記住的15個語詞當中，有「夢想」這個詞嗎？那「光」和「希望」呢？

其實圖中的確有「夢想」和「光」，但是並沒有「希望」這個詞。不過在正式的實驗中，有75％以上的人都記得有「希望」這個詞。此外，當詢問受試者是否有看到「希望」一詞時，有更多比例的人回答說「有」。

大部分人出現錯誤記憶的理由在於，這15個詞與「希望」有聯想性，所以記憶的時候會浮現出「希望」這個詞。一般人的短期記憶容量大約是 7 個語詞，由於無法一次記住15個，因此回想的時候就容易將記憶中一度浮現的「希望」誤認成是自己看到的語詞。

不光是認知，就連記憶也很模稜兩可而且容易出錯。

專欄
COLUMN　**執行心理學實驗的實際步驟**

關於記憶的心理學實驗，首先必須經過研究倫理委員會等單位審查計畫有無違反倫理，接著招募自願參加實驗的受試者，可能屬於志工性質，也可能會支付酬勞。然後，要設法讓性別和年齡的個別差異不會太大。實驗以個人或是團體的形式進行，並選在隔音室之類的場所進行。此外，通常實驗會假設受試者之間的基本記憶功能並無明顯個別差異，如果實驗結果出現顯著差異，則可能有其他干擾變項存在（研究個人特性的實驗則不在此限）。

引發假記憶的語詞表

此為語詞記憶的示意圖。表中的15個語詞為「將來」、「夢想」、「偉大」、「未來」、「野心」、「期望」、「明朗」、「光」、「高漲」、「優秀」、「高貴」、「愉快」、「失望」、「理想」、「人生」。採用語詞表進行記憶研究的相關方法稱為「DRM派典」（DRM paradigm），名稱取自三位設計者姓氏中的首字母（Deese-Roediger-McDermott）。這份語詞表是由早稻田大學的川崎彌生博士（當時姓宮地）製成。此外，本頁所示的方法屬於簡易版，在正式實驗中是以更嚴密的方式進行，每次只在固定的時間內顯示1個語詞。

誤導記憶的
「事件後訊息效應」

以記憶為基礎的「目擊證詞」，其正確性其實不如一般所想。美國有份報告指出，透過後來的DNA鑑定結果證明是冤罪（無辜卻被判有罪）的300件判決中，至少有約75％的有罪判定都是根據與事實不符的目擊證詞。

如果蒐集目擊證詞時的詢問方式有誤，那麼要取得以正確記憶為基礎的證言就有難

> 非事實的事件後訊息使答對率75％→41％

在該實驗中，洛塔斯博士等人認為，實際上看到停止標誌的記憶會被「慢行標誌」此與事實不符的事件後訊息「覆蓋」。不過近年來，主張並非「覆蓋」，而是看到的資訊與事件後訊息都並存在腦中，導致回想過程中產生混亂的說法較為有力。

1 以每張3秒鐘的速度播放30張幻燈片

參與實驗的受試者為美國華盛頓大學的學生，總共195位。讓受試者觀看連續30張描寫交通事故的幻燈片，每張會停頓約3秒鐘。下圖是其中一張幻燈片的示意圖。事先安排一半的受試者看到「停止標誌」，另外一半看到「慢行標誌」。

2 針對幻燈片的內容回答問題

針對幻燈片的內容，請受試者回答20個問題。其中一題是讓一半的受試者回答包含錯誤內容（與幻燈片中的標誌不一致的標誌）的提問，剩下一半的受試者回答包含正確內容（與幻燈片中的標誌一致的標誌）的提問。

觀看幻燈片　　停止標誌

與幻燈片內容不符的提問

當車子停在有慢行標誌的路口時……

與幻燈片內容相符的提問

當車子停在有停止標誌的路口時……

度。以下的實驗就可說明這個狀況，由假記憶研究權威暨美國心理學家洛塔斯博士（Elizabeth F. Loftus，1944～）等人於1978年發表，事件後訊息會如何影響記憶的報告。

首先，讓受試者觀看一連串的交通事故幻燈片（❶）。接著，針對幻燈片中的內容請受試者回答問題（❷）。20分鐘後，請受試者選出在幻燈片中出現的是停止標誌還是慢行標誌（❸）。

實驗結果顯示，當「在幻燈片中看到的標誌」與「提問中說到的標誌」一致時的正確回答率為75%，相對之下，不一致時的正確回答率僅41%。也就是說，事後聽到與實際上看到的東西互有矛盾的訊息時，正確回答率幾乎減半。

像這樣因事後提供的訊息造成的記憶扭曲，就叫做「事件後訊息效應」。

洛塔斯
（1944～）
美國認知心理學家。研究記憶與目擊證詞的權威，加州大學爾灣分校特聘教授、華盛頓大學客座教授。著有《被壓抑記憶的神話》（The Myth of Repressed Memory）等書。

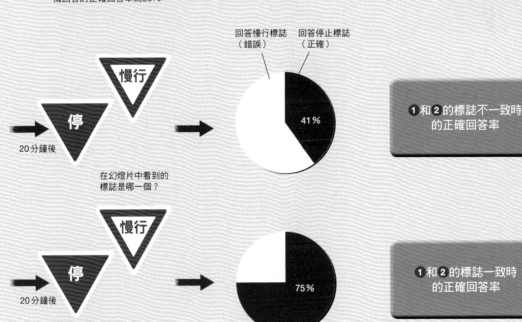

❸ 20分鐘後，選擇在幻燈片中看到的標誌為何

20分鐘後，請受試者回答包含「最初在幻燈片中看到的是停止標誌還是慢行標誌」在內的15個問題。由於答案是二擇一，所以隨機回答的正確回答率為50%。

回答慢行標誌（錯誤）　回答停止標誌（正確）

慢行

停

20分鐘後

在幻燈片中看到的標誌是哪一個？

41%

❶和❷的標誌不一致時的正確回答率

慢行

停

20分鐘後

75%

❶和❷的標誌一致時的正確回答率

鮮明的記憶
有時也會出錯

如 2001年美國911恐怖攻擊這樣的重大事件，一定深烙在許多人的記憶裡。就算事隔多年，對於當時是在何地、和誰、在做什麼等等，仍舊歷歷在目。這就好像開啟了閃光燈，記錄一段令人印象深刻的重要時刻或環境，因此稱為「閃光燈記憶」（flashbulb memory）。由於重大事件總會在新聞媒體上重複報導，所以記憶也能維持得比較久。

不過，這些記憶雖然鮮明，卻不一定是正確或完整的。有實驗報告指出，在重大事件發生後立即詢問受試者當時人在哪裡、在做些什麼並記錄下來，事隔 1 年後再次詢問時，卻有人信誓旦旦地說出與當時狀況迥異的情境。

閃光燈記憶之所以遭到扭曲，是因為屢次從大腦的「前額葉皮質」回想記憶，之後又重構的緣故。在事件被記憶的當下，幾乎不會去細細留意「何時」、「何地」這類訊息。但刻意回想的結果，將導致腦中搜尋訊息來源的能力「來源監控」（source monitoring）出錯。

專欄 COLUMN ▷ 胎內的記憶可以之後「嵌入」

例如有人會說「還記得在媽媽肚子裡的事」，但這種記憶其實可以透過巧妙的對話「嵌入」。就算一開始對記憶不太有把握，但是反覆進行催眠治療後也會逐漸轉為確信。「被異形綁架」之類的記憶，也是由於類似的運作方式。判斷記憶是否來自於實際的經驗稱為「現實監控」，一般認為這個判斷對6歲小孩來說過於困難。因此，即便早期記憶不是真的，本人也無從判斷，會誤以為是事實。

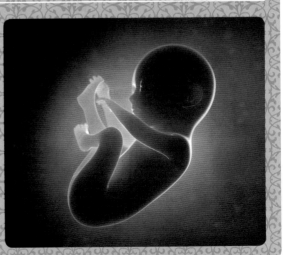

回想起時地與事實不符的錯誤記憶

人腦的前額葉皮質有提取記憶（回想）的功能，猶如收集一片一片沒有標註日期的小拼圖，最後拼湊出一幅圖畫。下圖是美國發生911恐怖攻擊時，原本實際的狀況是打著白色領帶在開會，結果卻出現正在製作文件資料、打著咖啡色領帶的錯誤記憶。由於記憶鮮明，因此一般不會察覺有誤。像這樣的記憶來源監控錯誤，無論記憶鮮明與否，都會製造出與事實不符的記憶。

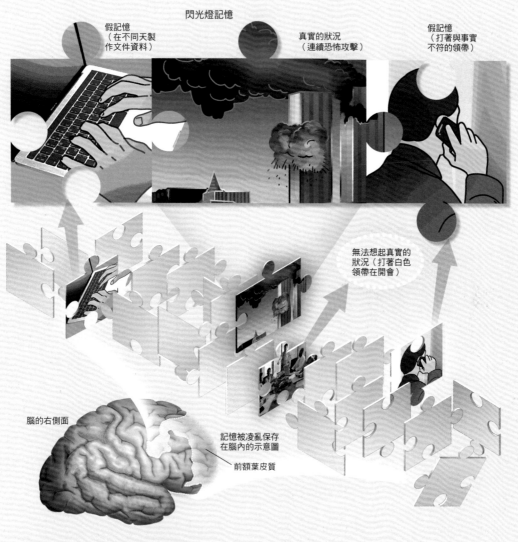

閃光燈記憶

假記憶
（在不同天製作文件資料）

真實的狀況
（連續恐怖攻擊）

假記憶
（打著與事實不符的領帶）

無法想起真實的狀況（打著白色領帶在開會）

腦的右側面

記憶被凌亂保存在腦內的示意圖

前額葉皮質

負責回想功能的大腦「前額葉皮質」

「何時」、「何地」之類的訊息，平時都凌亂地保存在腦內。
從中搜尋和提取的能力由大腦靠近額頭的「前額葉皮質」
負責。

語言遮蔽效應

語言化也有可能導致記憶受到妨礙

記憶長相的時候，會在腦海中進行眼睛鼻子等整體位置關係的記憶處理，還有眼睛鼻子等形狀特徵的記憶處理。大家可能會認為，加上言語描述補充說明的話會更容易記住，不過美國在1990年提出的實驗卻得到了完全相反的結果。

在該實驗中，首先讓受試者觀看有強盜出現的動畫，接著用言語描述強盜的長相特徵。結果，之後能從8張照片中正確辨識出強盜長相的人只有38％，比未用言語描述的64％還要低。

語言化雖然能夠聚焦在各個特徵上，但是之後的辨識卻是以整張臉為主的判斷依據，而這樣的不一致會引發錯誤記憶，叫做「語言遮蔽效應」（verbal overshadowing effect）。

專欄 COLUMN　品嘗葡萄酒與語言遮蔽效應

侍酒師會用各種詞彙來描述葡萄酒的味道和香氣，但是透過言語的表達，是否能夠讓我們對於葡萄酒的記憶更加深刻呢？針對這個問題，1996年發表了一份實驗報告。受試者共有三組：受過訓練的「高階者」（25位）、常喝葡萄酒但是沒有受過訓練的「中階者」（43位）、幾乎不喝葡萄酒的「初學者」（39位）。無論有沒有用文字描述味道  和香氣，高階者都能從4款葡萄酒中正確選出剛才喝過的同款酒。初學者則是有文字說明後，正確回答的比例會增加。但是中級者就出現了語言遮蔽效應，如果有文字說明，答對的比例反而會降低。

記憶長相時的兩個處理步驟

網狀圖描繪的是辨識整體臉部的處理示意圖。若是像右圖那樣用言語說明各個部位的特徵，之後選擇臉部照片時的正確回答率反而會下降，這個結果已經從多個實驗中得到驗證。

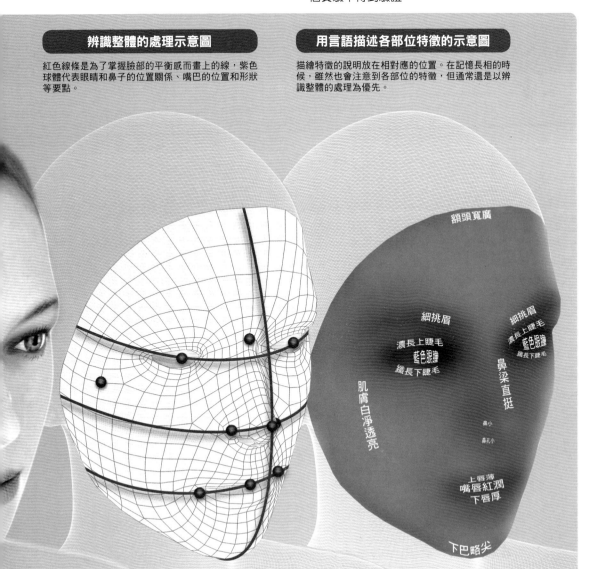

辨識整體的處理示意圖

紅色線條是為了掌握臉部的平衡感而畫上的線，紫色球體代表眼睛和鼻子的位置關係、嘴巴的位置和形狀等要點。

用言語描述各部位特徵的示意圖

描繪特徵的說明放在相對應的位置。在記憶長相的時候，雖然也會注意到各部位的特徵，但通常還是以辨識整體的處理為優先。

額頭寬廣

細挑眉
濃長上睫毛
藍色眼瞳
纖長下睫毛

細挑眉
濃長上睫毛
藍色眼瞳
纖長下睫毛

鼻梁直挺
鼻小
鼻孔小

肌膚白淨透亮

上唇薄
嘴唇紅潤
下唇厚

下巴略尖

感到強烈恐懼時
記憶力會降低

遇上搶劫之類的突發狀況時會激起驚嚇和恐懼的情緒,引發所謂的「凶器聚焦效應」(weapon focus effect)的現象。該現象是指由於過度聚焦在凶器上,而難以察覺犯人的樣貌及服裝等背景訊息,進而導致記憶模糊。

關於聚焦凶器的形成機制,主要有兩種說法。一種是因驚嚇和恐懼造成視野變窄;另一種則是因出現了難以置信的狀況,所以目光全部集中在兇器上。例如在廚房看到菜刀一點都不奇怪,但如果在寢室看到就非比尋常了。

另外,緊張感(壓力和清醒程度)過強或過弱,也與記憶力(記憶效率)的降低有關。緊張感也有所謂的最佳平衡,而凶器聚焦效應就屬於緊張感過強的狀態。

負責記憶功能的不只海馬迴

下圖顯示了海馬迴(藍色)與杏仁核(橘色)的位置。杏仁核在左腦和右腦各有一個。記憶是由腦內接收五感訊息的「海馬迴」掌管,而與驚嚇、恐懼之類的情緒(情感)有密切關聯的記憶,負責運作的除了「海馬迴」之外,還有包含「杏仁核」等等在內的腦神經迴路。

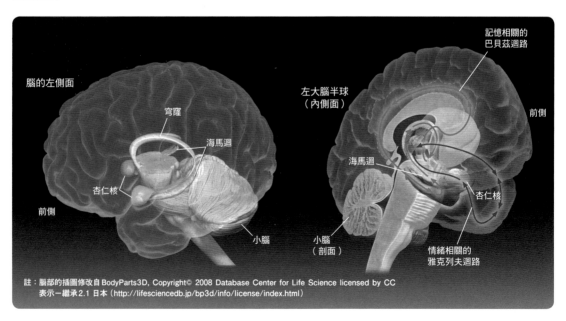

腦的左側面

穹窿

海馬迴

杏仁核

前側

小腦

左大腦半球
(內側面)

記憶相關的
巴貝茲迴路

前側

海馬迴

杏仁核

小腦
(剖面)

情緒相關的
雅克列夫迴路

註:腦部的插圖修改自BodyParts3D, Copyright© 2008 Database Center for Life Science licensed by CC
表示一繼承2.1 日本(http://lifesciencedb.jp/bp3d/info/license/index.html)

視線不自覺地落在凶器上

這張照片是「凶器聚焦效應」的示意圖。眼睛會不自覺地望向槍口,導致視野變得狹窄。1987年發表的實驗報告,讓80位受試者觀賞一連串的幻燈片,內容是在餐廳內發生的犯罪案件,之後請受試者從12個選項中辨識幻燈片中的人物。隨機選擇的正確回答率為8.5%。當犯人手拿郵票的時候,約35%的受試者能夠正確識別,但是當犯人拿著手槍的時候,只有約15%的受試者能夠正確識別。也就是說當犯人持槍時,人的眼睛會不自覺地望向武器,而難以注意到持槍者的長相。

錯誤的記憶
可分成7種類型

我們知道記憶不見得一定與事實相符,那麼記憶到底「有多少是錯誤的」呢?

首先,與一般認知不同的是,情緒記憶的出錯率其實比較高。此外,就如前頁所述,激烈的情緒會造成記憶力降低,而且在回想該記憶時「來源監控」(第70頁)也比較容易失敗。

不過,記憶錯誤與否得「視判斷基準而定」。若從是否與事實相符的角度來看,說大家都在「說謊」也不為過;若主觀上並沒有發覺到錯誤,那麼就當事人角度而言就稱得上是「正確」的。

美國哈佛大學心理學家沙克特(Daniel Schacter,1952~)將記憶的錯誤分成7種類型,稱之為記憶七罪,如右列:①健忘、②失神、③阻斷、④錯認、⑤暗示、⑥偏誤、⑦滯留。由此可知,除了⑤和⑥包含了假記憶以外,記憶其實也會由於各種原因而產生「缺損」。

記憶為何會不完美呢?原因有很多,但其中一個優點是「因為記憶不完美,頭腦才不會被塞滿太多東西」。

因為眼睛等感覺器官會傳輸大量的訊息給腦。我們有意識的只有其中一部分,而且那一部分的記憶會存放在腦中的海馬迴。如果所有東西都要記得的話,應該馬上就會超出容量了。

健忘

舊的記憶變得模糊或是完全遺忘,因疾病所引起的錯誤記憶。

沙克特
（1952～）

美國認知心理學家，哈佛大學心理學系教授。著有將錯誤記憶分成7種類型
的《記憶七罪》等書。

失神

例如忘記預定的事情，因「不
注意」而造成的錯誤。

阻斷

比如一時想不起名字，原本理
應知道的事情卻被其他的記憶
干擾，怎麼也想不起來。

錯認

錯認記憶的源頭或是無法區分
現實和幻想。似曾相識感也包
含在內。

暗示

覺得好像有出生時的記憶等，
因自以為是的想法或引導性問
題使得記憶遭到扭曲。

偏誤

比如因懷有偏見，而改寫先前
的記憶。

滯留

想要忘掉的事情卻反覆回想起
來，例如心理創傷。

記憶七罪

心理學家沙克特將錯誤的記憶分成7種類型，認為「記憶
總是正確的」這句話本身就是個錯誤。只要認清記憶會伴
隨著錯誤、具有容易出錯的特性，與之融洽相處就好。

透過認知、聯結、自動三個階段學習「騎腳踏車的方法」

「騎腳踏車的方法」屬於程序性記憶的一種（第56頁）。程序性記憶一旦建立，就算過再久記憶依然存於腦中，還是會記得怎麼騎腳踏車。那麼，「騎腳踏車的方法」是如何學會的呢？

演奏樂器和騎腳踏車這類的學習叫做「技能學習」[※]，技能學習的過程可分為認知、聯結、自動三個階段。以騎腳踏車的方法為例，首先在「認知」階段要了解騎腳踏車有哪些身體的動作，接下來在「聯結」階段實際騎上腳踏車來練習，然後慢慢熟練。

為什麼只要練習就能進步呢？這是因為「回饋」（feedback）的緣故。自己預期的動作目標與實際的動作表現比對之後，訊息會從肌肉回饋到腦部。經由反覆的回饋，讓摔倒的情況或錯誤的次數慢慢減少，直到不必有意識地注意自己的動作也能學會騎腳踏車，稱為「自動」階段。

此外，相似的技能會比較容易習得。比方說已學會滑雪的人，滑雪板也比較容易上手，這就叫做「學習遷移」（transfer of learning）。

※技能學習又稱為動作學習、知覺動作學習。

學會騎腳踏車的過程

認知
先了解為了達成任務應該怎麼做比較好。

聯結
經由練習，讓一連串的動作更加流暢。此時從練習中習得的知識會形成回饋，並產生「學習遷移」的現象。

自動
透過知識的回饋，讓自己的動作在沒有意識的情況下自動完成。

學習遷移
學習遷移是指在學習一件事物後，對另一件事物的學習有促進或是阻礙的作用。舉例來說，之前學過鋼琴的人，也比較容易學會其他的樂器。像這樣學習一件事物後，對另一件事物的學習起到促進作用，就叫做「正遷移」（positive transfer）；反之，如果之前的學習阻礙了新事物的學習，就叫做「負遷移」（negative transfer）。

專欄 COLUMN　即便練習也無法進步的「高原期」

針對技能學習進行實驗的心理學家布賴恩
（William Lowe Bryan，1860～1955）與哈特
（Noble Harter，1858～1907）發現，學習並非
直線式地進步，到了某個階段會停滯不前，稱為
「高原期」（plateau period）。不過，一般認為
高原期是技能學習固定化的必經過程，而固定化
後的技能即使在沒有意識的情況也能自動完成。

「基模」是知識的分類體系

從學習和經驗得到的知覺與認知，其共通或相似的部分會組成一個體系，此心理結構稱為「基模」（schema），由英國心理學家巴特萊特（Frederic Bartlett，1886～1969）於1932年發表的概念。

舉例來說，若說到有三個輪子及方向盤、又會跑的東西，可能有人會聯想到兒童的三輪車，這是因為擁有兒童三輪車基模的緣故，但也有人腦中浮現的是「嘟嘟車」（tuk tuk，右頁的三輪計程車）。也就是說，基模的訊息是依個人的過往經歷而異。

基模會隨著每一次的經驗、學習，加入新的訊息並逐漸發展，然後經由「同化」或「調適」的過程將新的訊息吸納至原有的基模內。

此外，基模不是只有腳踏車、手機之類的「物品」而已，也有如「新年」、「上學」這類「事件」基模，「學校老師」、「警察」等「角色」基模，還有對於特定人物或自己本身的基模等等，種類不一而足。

同化與調適

比如換了新的智慧型手機，在操作上跟之前的手機有些許不同。若還在既存知識（基模）能夠理解的範圍，那麼只需透過吸收、同化新機種的操作方法知識，就能像往常一樣操作自如，也就是所謂的「同化」（assimilation）。可一旦外觀和操作方法都有很大的改變，和以前使用的手機完全不同的話，就必須學習新的操作方法才行，像這樣調整既存知識再吸收則稱為「調適」（accommodation）。

三輪車

右圖是兒童用的三輪車，上圖是東南亞國家常見的三輪計程車「嘟嘟車」。雖然一樣都有「三個輪子」，但基模會依個人的經驗和學習而有所不同。

事件基模
關於新年、聖誕節等特定節日（事件）會有哪些儀式活動的基模。

角色基模
推測或反應警察、學校老師等職業在社會上扮演什麼角色的基模。

自我基模
與自己本身的知識或評價有關的基模。

各式各樣的基模

社會基模（social schemas）的種類有很多，例如事件基模、角色基模、人物基模、自我基模等等。

3

心 智 發 展

Development of the mind

發展心理學的誕生歷程

「發展心理學」(developmental psychology)研究的是人類生涯全程中的身心發展。

18世紀的法國啟蒙思想家盧梭(Jean-Jacques Rousseau,1712～1778)在其著作《愛彌兒》中,提出對兒童教育的看法。在中世紀的歐洲其實並沒有「兒童」這個年齡層的概念,當時只將其當作小大人來看待。

之後,由英國自然科學家達爾文(Charles Darwin,1809～1882)提出的「演化論」,也對發展心理學影響甚大。

德國生理學家普萊爾(William Preyer,1841～1897)受到達爾文的影響,以自己的孩子為觀察對象進行研究,1882年出版了《兒童心智》一書,被視為「兒童心理學」的濫觴。

精神分析學創始人佛洛伊德的原慾發展理論,也將重點放在出生後的數年間。佛洛伊德主張原慾流向母親的乳房,是為了滿足攝取營養的生理需求。不過英國精神科醫師鮑比

發展心理學的歷史

發展心理學誕生的時間與馮特的實驗心理學相差無幾。不過,一般是以普萊爾的著作《兒童心智》出版的1882年當作成立的時間。

18世紀	19世紀

「兒童」的存在與定義

以兒童的發展階段、課題
為主要研究領域的
「兒童心理學」誕生
普萊爾
(1841～1897)

原慾發展理論

盧梭
(1712～1778)

達爾文
(1809～1882)

佛洛伊德
(1856～1939)

（John Bowlby，1907～1990）根據實驗對此持否定意見（第86頁），他認為來自渴望獲得依戀的關係而非進食的生理需求。

1960年代後，瑞士心理學家皮亞傑（Jean Piaget，1896～1980）將兒童的認知發展分成了四個階段。艾瑞克森（Erik Erikson，1902～1994）提出「生命週期理論」，認為人的心智發展不只限於兒童期，而是終其一生都會持續。接下來，本章將探討人的心智發展與人格。

專欄 COLUMN ▷ 雛鳥的「銘印」

鮑比提出的「依戀」（attachment）理論，據說是受到發現「銘印」（imprinting）的奧地利動物學家勞倫茲（Konrad Lorenz，1903～1989）的影響。雁鴨等鳥類在孵化後，會把看到的第一個會動的東西當成媽媽，並且一輩子跟隨其後。在某一特定時期的學習行為一旦發生就很難改變，即所謂的「銘印」。勞倫茲發現雛鳥之所以會尾隨，並非因為對方是可滿足其生理需求的「餵雛母鳥」。

1960年代

出版《智慧心理學》

皮亞傑
（1896 ～ 1980）

發表「早期母子關係理論」
鮑比
（1907 ～ 1990）

發表「生命週期理論」
艾瑞克森
（1902 ～ 1994）

從實驗可知溫度或肌膚觸感會產生「依戀」的情感

依戀是「與特定對象形成的情緒連結」，常指嬰幼兒與母親（養育者）所建立的親密關係。該理論的提出者為英國精神分析學家鮑比（1907～1990）。

在依戀理論提出以前，一般認為嬰兒會本能地尋找媽媽，是因為對方可以滿足肚子餓或身體不舒服等生理需求，進而產生一種依戀的情感。

但受到動物行為學影響的鮑比則主張，並不是從攝取營養等生理需求衍生出情感需求，而是個體為了存活下來所具備的本能行為。這個想法後來被美國心理學家哈洛（Harry Harlow，1905～1981）透過實驗予以證實。

該實驗準備了兩個代理媽媽的模型，一個以鐵絲製成並掛著奶瓶，另一個用軟布包覆而成。接著讓剛出生的幼猴與兩個模型共處，結果發現幼猴只有在肚子餓的時候會爬到掛著奶瓶的鐵絲媽媽身上，其他時間都緊緊抱著軟布媽媽。幼猴之所以會接近媽媽，並不是為了滿足肚子飢餓等生理需求，而是本能地尋求身體接觸帶來的快感（溫度或肌膚觸感）。

由此可知，肌膚接觸對於依戀關係的形成有很大的影響。

依戀行為

嬰幼兒為了建立情感連結所表現的行為稱為「依戀行為」。會持續接近依戀對象，主動尋求接觸。而且依戀行為會隨著成長而變化。

信號行為	定位行為	接近行為
哭泣、微笑、發聲等	尾隨、注視等	討抱、依偎等

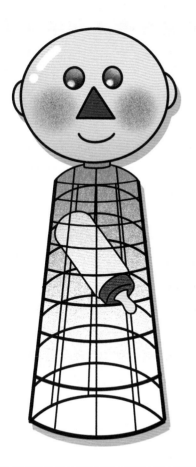

代理媽媽模型實驗

準備兩個代理媽媽的模型，分別為用鐵絲繞成的「堅硬媽媽」和用軟
布包覆而成的「柔軟媽媽」，讓幼猴與兩個媽媽共處。結果幼猴除了
喝奶的時間以外，大多數的時間都依偎在柔軟媽媽身上。該實驗雖然
證明了依戀理論，但卻存在研究倫理上的爭議。

鮑比
（1907～1990）
英國精神科醫師、精神分析學家。提出了依戀理論等研究早期母子關係的
理論。

哈洛
（1905～1981）
美國心理學家。用猴子進行了「代理媽媽」等實驗，研究肌膚接觸對於情
感的影響。

就算無人教導 也能透過觀察來學習

人除了從自身經驗中習得的「直接學習」之外，也能透過觀察他人的行為來學習。

加拿大心理學家班杜拉（Albert Bandura，1925～2021）以實驗證明了這個說法。班杜拉在實驗中準備了一個名為「波波人偶」的充氣玩具。他將參與受試的孩童分成兩組，讓其中一組看到大人毆打波波人偶的行為，讓另一組看到大人與人偶正常互動的模樣。接著將全部的孩童與同一個波波人偶置於一室，結果發現剛剛有看到毆打場景的孩童，

對波波做出攻擊行為的比例明顯較高。由此可知，即使不是透過直接的經驗，小孩也會自發性地模仿及學習大人的行為舉止，而這無法用行為主義的「操作制約」理論（第22頁）來說明。

此外，就算不是自己直接受到增強（經由報酬、懲罰等，強化刺激和反應之間的連結），只要透過觀察他人受到賞罰的模樣，也能使自己的行為間接地強化，稱為「替代性增強」（vicarious reinforcement）。

波波人偶的實驗

波波人偶

班杜拉
（1925～2021）
生於加拿大的美國心理學家。提出了觀察學習（社會學習）的概念，以及衡量自己「具有充分能力可以完成某件事」的「自我效能感」（self-efficacy）。

透過模仿的學習

並非單純模仿他人的行為而已，比如觀察到別人受到獎勵或懲罰，自己的行為也會得到增強。

專欄
COLUMN

嬰兒模仿

心理學家梅哲夫（Andrew Meltzoff，1950～ ）主張「嬰兒模仿」是為了從大人身上獲得正面的回應，一種與生俱來的溝通能力。圖為梅哲夫於1977年提出嬰兒模仿的論文中所刊載的照片，上方是梅哲夫本人，下方的受試者是出生後3週大的嬰兒。由左至右分別是伸出舌頭、張開嘴巴、噘嘴的表情，可以看到嬰兒正在模仿這些動作。不過有關嬰兒模仿的看法，心理學家之間依舊爭論不斷。

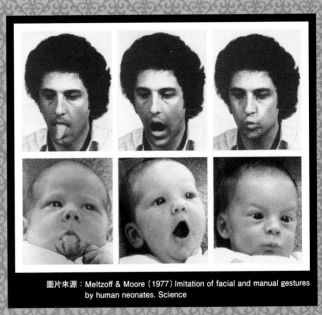

圖片來源：Meltzoff & Moore（1977）Imitation of facial and manual gestures by human neonates. Science

皮亞傑以觀察所得
將心智發展分成四個階段

瑞士心理學家皮亞傑（1896～1980）以自己的3個孩子為研究對象進行觀察，將人從嬰兒到成年的心智發展分成了四個階段。

0～2歲稱為「感覺動作期」（sensorimotor stage），這個階段會透過身體動作來探索外面的世界，並且獲得「物體恆存」的概念。即便物體離開視線範圍之外，仍知道物體依舊存在。

2～7歲為「前運思期」（preoperational stage），已經能使用語言，玩「扮家家酒」的遊戲。在這個階段的最後，會脫離只知道自己視角的自我中心世界，也能站在別人的角度去理解事情。

皮亞傑將邏輯思考能力稱之為「運思」（operation）。7～12歲開始能進行合乎邏輯

物體恆存

雖然沒有看到，但知道「就在那裡」

物體恆存的概念大約出生後10個月即可建立。將布偶放在嬰兒眼前，引起注意後用隔板遮擋起來。10個月大左右的嬰兒對於眼前消失的布偶會表現出想要尋找的舉動，但小於10個月大的嬰兒則否。

觀點取替

理解別人和自己的所見並不相同

在大小、顏色各異的三座小山模型的對面放置一個人偶，然後詢問：「從人偶的方向會看到什麼？」6歲以下的孩子大多無法了解自己和別人從不同方向看到的事物是不同的。要到7～9歲才會站在對面的角度看待事物，而包含側面在內的觀點取替則要到8～9歲。

（0～2歲）

感覺動作期

移動自己的身體來探索身邊事物的時期。

（2～7歲）

前運思期

脫離以自我為中心的世界，能站在別人角度看待事物的時期。

的思考，這個階段叫做「具體運思期」（concrete operational stage），此時已經具有諸如「容器內的水即使移到別的容器，水量也不會改變」這類邏輯思考能力。

到了12歲以後的「形式運思期」（formal operational stage），就能夠對抽象性事物做邏輯思考。皮亞傑認為依序經歷這四個階段後，便可達到與大人同樣的思考能力，亦即心智發展的歷程※。

※：兒童的成長與環境等各種因素有關，其發展過程也有明顯的個體差異和團體差異。這裡列出的年齡區間僅供參考，若不符合並不代表異常。

皮亞傑
（1896～1980）

研究兒童心智發展的心理學家。發展心理學的創始人之一，對於兒童教育領域也具有深遠的影響。入選美國《時代》雜誌於1997年選拔的「20世紀的100位重要人物」，天才物理學家愛因斯坦（Albert Einstein，1879～1955）也在其中。

保留概念

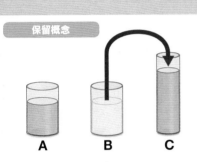

A　　**B**　　**C**

理解容量不會隨容器的形狀而改變

A、B兩個相同的容器中裝有等量的水，接著將B移到細長型的容器C，然後詢問：「A和C哪一個容器的水量比較多？」結果6～7歲以下的孩子大多會回答水面看起來比較高的C，這是因為就算移到別的容器水量也不會改變的「保留概念」（守恆）尚未建立的緣故。

歷經四個發展階段，
孩子逐漸成長為大人

插圖下方所示為皮亞傑主張的四個發展階段，以及與各發展過程相關的基本課題。

（7～12歲）
具體運思期
對於具體的事物能夠進行邏輯思考的時期。

（12歲以上）
形式運思期
面對抽象的事物也具備邏輯思考能力的時期。

錯誤信念作業

站在別人立場思考的
「心智理論」

心智理論（theory of mind）是指能夠理解他人的立場或狀況，並且察覺對方情緒、心思的心理運作，可以說是圓滑處理人際關係不可或缺的一環。

人要到幾歲之後才擁有心智理論的能力呢？為了得到答案，而設計出了如右頁所示的「莎莉與安娜作業」（Sally-Anne task）的實驗。

實驗是以看圖說故事的方式進行。先讓受試者觀看右頁1～5的圖片，最後詢問：「回到房間的莎莉想拿出皮球，她會打開籃子還是箱子呢？」

關鍵在於受試者能否正確理解「莎莉並不知道皮球已從籃子移到箱子的事實」，以及是否具備站在莎莉角度思考的心智理論能力。結果發現3歲以下的幼兒幾乎都無法從莎莉的視角去思考，而認為皮球既然已經被移到箱子裡，所以莎莉應該會打開「箱子」尋找。不過到了4～5歲具備心智理論的能力以後，就能回答正確的答案「籃子」。像這樣確認「是否具有心智理論能力」的實驗，就叫做「錯誤信念作業」（false belief task）。

4～5歲也是小孩開始會說謊的年紀，其實與心智理論也有關聯。比方說不想被大人斥責的時候，覺得「如果這樣說的話應該就不會被罵」，便是代表具有推論他人心理狀態的能力。

莎莉與安娜作業

圖為用於調查孩童是否擁有心智理論的「莎莉與安娜作業」。為了因應不同的國家及語言，有時會更改登場人物的名字。

普雷馬
（1925～2015）
美國心理學家。1978年以〈黑猩猩是否擁有心智理論〉為題發表論文，探討類人猿中是否只有人類擁有觀察他人情緒的能力。這篇論文的問世也讓心智理論成為發展心理學的研究主題之一。

1 莎莉和安娜在同一個房間

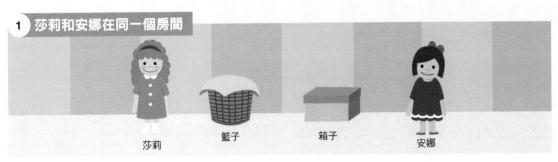

莎莉　　　　籃子　　　　箱子　　　　安娜

2 莎莉把皮球收進籃子裡

皮球

3 莎莉走出了房間

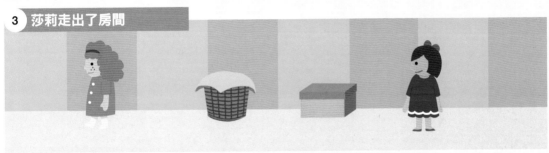

4 安娜將皮球移到箱子裡

5 莎莉想拿出皮球

Q

當莎莉想拿出皮球時，會打開籃子還是箱子呢？

即使長大成人
心智發展仍會持續

皮亞傑的發展理論主要在探討嬰兒到成人這段過程的心智發展。相對於此，美國心理學家艾瑞克森（1902～1994）則主張心智發展並非成人之後就宣告結束，而是會一直持續終生。

以艾瑞克森的研究為契機，原本以兒童為主要對象的發展心理學，也逐漸將成人和老年等所有年齡層都納入了研究的範疇。

艾瑞克森將一生的心智發展分成八個階段，稱之為「心理社會發展理論」（psychosocial developmental theory）。

每一個階段都有特定的「危機」，而如何解決那個危機就是該階段的「課題」。

其中，青少年期的課題為「自我認定」，艾瑞克森也因為提出了這個概念而廣為人知。有關自我認定的說明，將在次頁做更詳盡的介紹。

嬰兒期

（0～2歲左右）
危機：因被養育者或第三者否定、忽冷忽熱的對待，抱持「不信任感」。
課題：「信任」他人。

幼兒期

（2～4歲左右）
危機：從失敗感受到「羞愧」，懷疑自己的能力。
課題：獲得能自我控制的「自主性」。

學齡前期

（5～8歲左右）
危機：因被大人否定而產生「罪惡感」。
課題：獲得「自發性」。

心
理
社
會
發
展
理
論

隨著年齡增長，接踵而來的 新「危機」與「課題」

圖為艾瑞克森提出的心智發展階段。八個階段各有特定的「危機」，以及如何解決該危機的「課題」。艾瑞克森認為只要完成每一個階段的課題，就能讓心智發展不斷地向前邁進。

老年期
（60歲左右以後）
危機：對自己的人生感到後悔，出現「絕望感」。
課題：得到肯定自我人生的「統整性」。

中年期
（40～59歲左右）
危機：出現心智發展的「停滯」。
課題：將重心轉向養育下一代以獲得「傳承性」。

成年前期
（19～39歲左右）
危機：無法建立良好的人際關係導致「孤立」。
課題：獲得能相互尊重的朋友或伴侶的「親密感」。

青少年期
（13～18歲左右）
危機：煩惱自己是什麼樣的人、陷入紊亂狀態的「認定迷失」。
課題：形成「自我認定」的意識。

學齡期
（9～12歲左右）
危機：與他人比較而有「自卑感」。
課題：藉由努力獲得回報的體驗，得到「勤勉性」。

艾瑞克森
（1902～1994）
德籍猶太裔精神分析學家，為逃離納粹的迫害而遷居至美國。除了持續一生的心智發展理論之外，也提出了「自我認定」等概念。

青少年期的課題「自我認定」

青春期正值進入大人世界的入口,開始強烈意識到「我將會成為什麼樣的大人」、「別人是如何看待自己的」這類問題。艾瑞克森針對青春期的心理課題,提出了「自我認定」(self identity)的概念。

「自我認定」又稱為「自我認同」或「自我統合」。依據艾瑞克森的說法,建立自我認定是指能夠自覺到「這就是我」,而且能體認到現在的我與未來的我都會是同樣的自己(認定)。若能建立自我認定,就能理解10年後和20年後的我也依然是自己,而且自己現在的行為也會由未來的我負責。

但如果不能建立自我認定,則會因為不知道自己是誰而感到焦慮,找不到自己在社會中的角色定位,陷入青少年期會面臨到的危機「認定迷失」(identity diffusion)。

自我認定

建立自我認定

知道自己是誰,而且與別人眼中看到的自己一致,即可建立自我認定。

認定迷失

若無法順利建立自我認定,就會陷入迷失自我的焦慮、過於在乎別人的眼光。

青少年期後仍得重新審視
「我是誰？」的自我認定

建立自我認定是青少年期最重要的課題，但青少
年期以後隨著環境的變化，還是得經常重新審視
自我認定。

專欄 COLUMN 幼兒的自我認知

一般來說，要到 2 歲左右才會意識到鏡子
中的影像就是「自己」。未滿 2 歲的幼兒，
即使看到鏡像也無法意識到是自己，所以
會對著鏡像微笑或是伸手觸摸。法國心理
學家暨教育學家扎佐（René Zazzo，
1910～1995）利用「鏡子測試」來觀察幼
兒透過鏡像的自我認知發展過程。「鏡子測
試」會利用玩具、口紅等物品，從幼兒被
問及鏡子中的人是誰時能否回答自己的名
字，來判斷其發展程度。

自我意象喪失的「認定危機」

青少年期由於身體急遽變化，與自己過去的連結感變得微弱，再加上升學、人際關係、戀愛、與父母關係改變等煩惱，容易導致與他人的關係產生變化。這個時期會使從小建構的「這就是我」模樣漸趨模糊，而這種自我身分感的喪失稱為「認定危機」（identity crisis）。

臨床發展心理學家馬西亞（James Marcia，1937～）以「是否經歷過認定危機」、「是否有熱衷投入的事物」的觀點，將青少年在建立自我認定過程中會產生的狀態分成四種。

認定達成（identity achievement）是從小對自己失去自信，但在思考各種可能性後，會依照自己的方式解決並以此為基準行動。認定未定（identity moratorium）是正在為了建立認定而努力的狀態。

認定早閉（identity foreclosure）沒有經歷過認定危機，但是有熱衷投入的事物。尤其是指做決定時，會毫不猶豫地選擇聽從父母意見的狀態。

認定迷失沒有經歷過認定危機，由於到目前為止不曾意識過自己是誰，因此對於未來自己會變成什麼樣子也無從想像。而經歷過認定危機的人由於任何選項皆可考慮，所以必須先將自己置於那樣的狀態下。

認定達成

找出屬於自己的答案

經歷過認定危機，而且有熱衷投入的事物。

認定早閉

傾向以別人的選擇為基礎

沒有經歷過危機，也沒有熱衷投入的事物。

自我認定的四種狀態

馬西亞以艾瑞克森「自我認定的建立與迷失」的理論為基礎，依照認定危機與熱衷事物的有無，將認定狀態分成四種。認定達成是其中最穩定的類型。認定迷失由於沒有熱衷的事物，處於沒有任何依據的狀態，因此容易出現孤立、不安、焦躁等傾向。

經歷過危機

認定未定

努力尋找答案

正處於認定危機的當下。

因為喜歡電腦，所以決定成為一名程式設計師。

我到底是誰？

moratorium：本來是「寬限」的意思，在心理學中則是指負起社會責任的寬限期。

沒有經歷過危機

認定迷失

從來沒有想過「自己是個怎樣的人」

因為父母叫我當醫生，所以我正以醫學系為目標努力。

我不曾想過將來的事耶。

沒有經歷過認定危機的人

無法想像未來的自己會變成什麼樣。

經歷過認定危機的人

不確定未來的發展、方向，尚未決定的狀態。

成年後仍會持續上升的「晶體智力」

「**智**力商數」（intelligence quotient，IQ），簡稱智商，是一種顯示智力高低與發展程度的指標[※]。智力商數測量的不是經由學習而來的知識或學力，而是「個人實際年齡與智力年齡的比值」。

智力與遺傳、環境都有關，會隨著年齡的成熟而發展。但智力會持續發展到什麼時候呢？當身體機能因為年齡增加而逐漸衰退時，智力又能維持到什麼程度呢？

生於英國的心理學家卡泰爾（Raymond Cattell，1905～1998）將人的智力分成兩種：「流動智力」（fluid intelligence）和「晶體智力」（crystallized intelligence）。流動智力指的是面對新局面的臨機應變能力，與經驗、教育的影響無關，是與生俱來的能力；晶體智力則是指透過後天的學習、經驗，累積而成的結晶。流動智力會隨著年齡增長慢慢流失，但晶體智力在20歲以後仍可持續上升，就算年紀增長也能保持穩定，是智力中較容易維持的一種能力。

[※]現在IQ大多已被DIQ（離差智商）取代，兩者均為數值越高則代表智力越高。

流動智力

記憶、計算、資訊處理等適應新場面的能力。

直覺力

圖形處理能力等

處理的速度

晶體智力

由興趣和習慣等過去經驗累積而成的能力。

溝通力　　語言能力

容易受年齡增長影響的「流動智力」
及由經驗結晶而成的「晶體智力」

圖形處理之類的「流動智力」會隨著年紀漸增而衰退；但從工作中學到的技能等「晶體智力」則會隨著年齡增長不斷累積。

省力、
制力等

專欄 COLUMN **智力商數**

一開始是比奈（第118頁）等人所提出的檢查，後來修訂成以指數來顯示智力水準的「智力商數」。以前是採用「精神年齡（智力年齡）÷生活年齡（實際年齡）×100」的公式來計算，但現在已不再用單純的算式來得出智力商數了。

順利適應老化的過程「成功老化」

高齡者的心理學是關於人生發展的發展心理學其中一個領域，會從各個角度研究在漫長時間中的變化過程。

上了年紀之後，身體的機能就會開始衰退。比如聽覺等感覺器官隨著年齡增加，會聽不太到某些音頻的聲音，進而影響知覺。此外，不只是身體上的變化，從工作崗位上退休後社會角色或立場也會改變。美國老年學家羅維（John Rowe，1944～）和社會科學家卡恩（Robert Kahn，1918～2019）於1987年提出的觀念「成功老化」（successful ageing），就是指順利適應老化的過程。

老化這個詞容易給人負面的印象。能夠幸福地變老的關鍵在於健康、自立、貢獻社會等「生活品質」（QOL）。

再者，人到了老年期在經歷陌生人的死亡（第三人稱的死亡）或是親人的死亡（第二人稱的死亡）時，也會進一步想像自己的死亡（第一人稱的死亡）。在艾瑞克森的理論中，老年期的發展課題為「整合」，當中也包含了接受死亡。但這並不是要人不再畏懼死亡，而是要能正視害怕死亡的自己。

構成成功老化的主要要素

生活品質
（QOL）

身體健康
認知能力
消磨時間（興趣等）
社會行為

社會貢獻度
（Productivity）

有償勞動
無償勞動
志工活動等

QOL

QOL是「Quality of Life」的縮寫，可譯為「生活品質」，但這個概念並無明確的定義。日本厚生勞動省為了延長健康壽命以及提升生活品質，致力於提倡飲食生活、運動、心理健康等。根據世界衛生組織（WHO）憲章，「健康」並不是指沒有生病或身體強健，而是「身心靈和社會適應方面都處於已經獲得滿足的狀態」。

老年期

艾瑞克森的生命週期理論（第94頁）將60歲左右以後稱為「老年期」。發展心理學認為人終其一生都會持續發展，並沒有所謂的高峰。老年期的心理危機在於能否肯定自己「至今為止的人生是有意義的」。若無法肯定自己的人生，則會因為已沒有機會重來而感到焦慮和絕望。

4

個別差異心理學

Psychology of individual differences

決定人格的因素是「遺傳」或「環境」

本章是探討個別差異的心理學。

在個別差異之中，「人格」是指個性和性格等「個人的風格」。那麼人格是何時、如何決定的呢？

關於人格的要素，自古以來就有各種學說。大致上可以分為生來就已經由遺傳決定的「先天說」，以及出生後由生活環境形塑的「後天說」。

在達爾文提倡演化論的影響下，19世紀末到20世紀初以遺傳決定人格的先天說比較受到支持。

但到如今，則是以人格是受到遺傳和環境兩方影響的「交互作用說」為主流，認為光憑先天說或後天說都無法充分說明「人格形成的基礎」。近年的研究顯示，人格的形塑大約有一半來自於遺傳因素，另一半來自於環境因素。

藉由觀察雙胞胎來看人格的構成

在人格心理學中為了研究「人格的構成」，經常採用觀察雙胞胎的手法。

同卵雙胞胎是一顆受精卵經細胞分裂成兩個胚胎發育而成的雙胞胎，擁有完全相同的遺傳基因；異卵雙胞胎則是兩顆受精卵同時在母體內發育而成的雙胞胎，遺傳基因與一般的兄弟姊妹沒什麼兩樣。在同一個家庭養育的雙胞胎，受到的環境影響幾乎一模一樣，因此在比較同卵雙胞胎與異卵雙胞胎的人格差異時，可單純比較來自遺傳的影響。

由圖表可知，在各個調查項目中，同卵雙胞胎的相關係數比異卵雙胞胎來得高。人格和智能會受到遺傳的影響，尤其在勤奮盡責和邏輯推理能力的項目，同卵雙胞胎的相關程度較高而異卵雙胞胎的相關程度較低，表示這些特質受到遺傳的影響極大。

遺
傳
與
環
境

人格和智能有30～50%是受到遺傳影響

下方圖表為在人格和智能的構成上，來自遺傳與環境的影響程度各有多少的調查結果。此外，也針對「共享環境」（紅色）和「非共享環境」（藍色）的影響差異做比較。共享環境指的是雙胞胎兩人生活的共同環境，亦即來自家庭環境、家人的影響；非共享環境是學校、職場等會使人產生不同經驗的環境。為了調查環境的影響，會將只有雙胞胎其中一人被收養的案例與兩人在同樣家庭成長的案例一起比較。

從結果可知，人格和智能有30～50%是受到遺傳影響，其餘則是受到家庭以外的環境影響。與語言相關的能力和學業成績則是例外，家庭環境也是重要的影響因素之一。

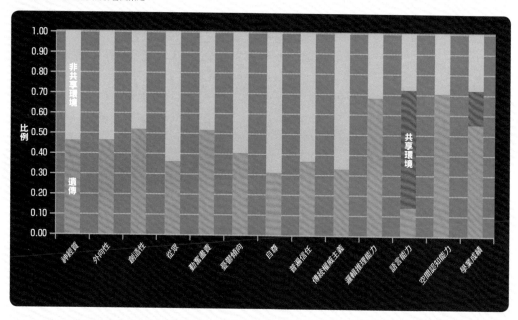

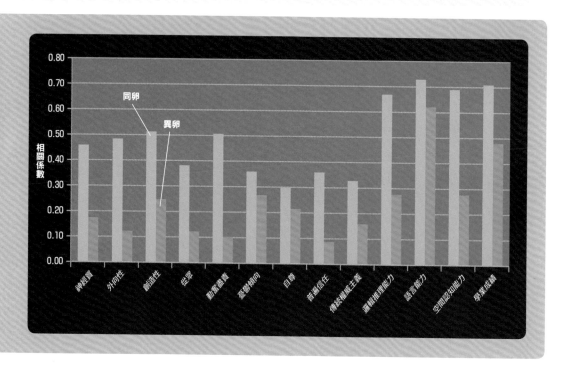

掌握人格的框架
「類型論」與「特質論」

「**類**型區分」是用來掌握人格的方法之一，這種做法稱為「類型論」（type theory），從古至今有各式各樣的類型論相繼問世。

類型論中將人格分門別類，這個方法雖然簡單易懂，但是若要深入探究人格時，就會有所侷限。比方說，只區分出「外向」和「內向」的話，界於兩者中間的人格就無法套用。

因此，掌握人格的另外一個方法是著眼於人格的多樣特徵（特質），將人格中不同特質的明顯程度從「量」的角度去看，而這種方法稱為「特質論」（trait theory，詳見第110頁～）。

以特質論為基礎的人格分析方法是目前的主流。

專欄
COLUMN

克雷奇默的體型論

德國精神科醫師克雷奇默（Ernst Kretschmer，1888～1964）於1921年提出了體型論。他在臨床現場治療患者時發現氣質與體型之間有所關聯，並透過當時三大精神疾患：精神分裂症（現稱為思覺失調症）、躁鬱症、癲癇※的患者案例，將氣質與體型的相關性歸納成三種類型。但由於缺乏客觀性的根據，現在未被採用。

※：癲癇如今被當成腦部器質性病變而非精神疾病。

瘦長型	強壯型	肥胖型

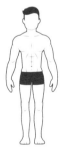

分裂氣質	執著氣質	躁鬱氣質
敏感、內向，不善交際。	一絲不苟、不屈不撓，但也有固執不知變通的部分。	開朗、具協調性，但情緒容易波動。

掌握人格的方法

研究人格的首要步驟，是採用某些方法以客觀角度將多種多樣的人格進行統整分類。方法可大致分成「類型論」和「特質論」這兩種。

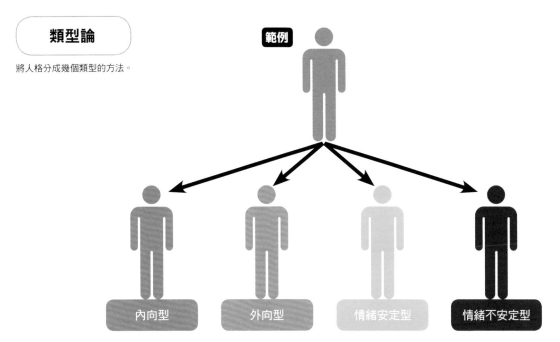

類型論

將人格分成幾個類型的方法。

範例

內向型　　外向型　　情緒安定型　　情緒不安定型

特質論

將特質量化，以比重來掌握人格。
常以如右圖般的雷達圖來呈現。

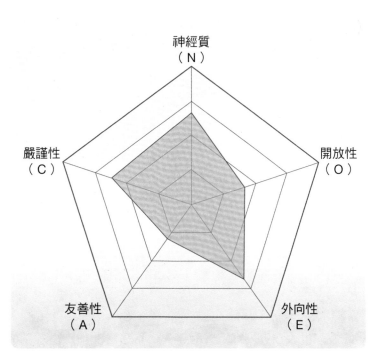

神經質
（N）

開放性
（O）

嚴謹性
（C）

外向性
（E）

友善性
（A）

特質論以數值來表示「該特質程度的多寡」

特質論就是將「開朗」、「神經質」等特質的相符程度予以量化，來表示人格的思維方式。特質論的提出者是美國心理學家奧爾波特（Gordon Allport，1897～1967）。

奧爾波特將人格分成兩種：多數人共同具有而能與他人比較的「共同特質」；以及無法與他人比較，為個人特有的「個人特質」。

其看法後來由美國心理學家卡泰爾（1905～1998）進一步發展，他將奧爾波特提出的「個人特質」再分成可以客觀觀察的「表面特質」（surface trait），以及和價值觀及遺傳因素有關的「潛源特質」（source trait），並列出了能夠得知潛源特質的16種人格因素。

生於德國後歸化為英國公民的心理學家艾森克（Hans Eysenck，1916～1997）結合特質論和類型論，提出了「外向或內向」、「神經質」、「精神病傾向」三個面向，認為從這些項目的程度多寡可觀察一個人的人格。他也以此為基礎，開發出可診斷人格的「簡式人格量表」（Maudsley Personality Inventory，MPI）。

奧爾波特的「特質論」

奧爾波特將特質分成個人獨有的「個人特質」，以及大家普遍都有的「共同特質」。比方說「內向」之類的共同特徵，可以用「內向性較高」、「內向性較低」來衡量個體的差異。相對於此，「個人特質」由於行為的背後蘊藏著個人的價值觀或經驗，沒辦法輕易判別究竟是什麼原因導致出現這樣的行為，因此無法與他人做客觀的比較。

個人特質
個人特有的特質

共同特質
多數人共有的特質

卡泰爾的「16種人格因素」

卡泰爾將奧爾波特提出的「個人特質」再分為從外部行為能直接觀察到的「表面特質」，以及無法從外部行為直接觀察到的「潛源特質」。為了分析出潛源特質，他又發表了測量個別因素程度高低的「卡氏16種人格因素問卷」（Cattell sixteen personality factor questionnaire）。

表面特質

可從外部觀察到的特質。

潛源特質

無法從外部觀察到的16種特質。

16種因素

樂群	懷疑
聰慧	幻想
穩定	世故
恃強	憂慮
興奮	激進
有恆	獨立
敢為	自律
敏感	緊張

艾森克的「人格的三個面向」

艾森克利用因素分析的統計方法，將人格分成「外向或內向」、「神經質」、「精神病傾向」三個面向。

＊圖中只呈現兩個面向。

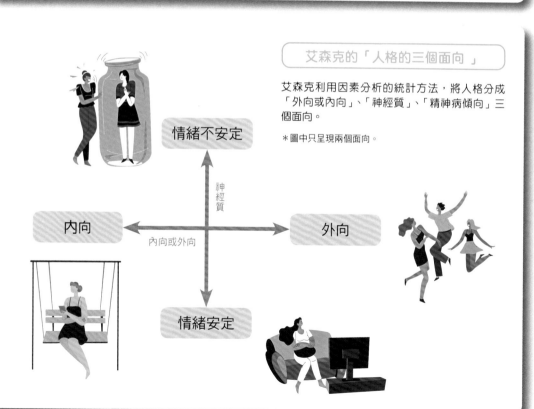

情緒不安定

神經質

內向　　　　　　外向

內向或外向

情緒安定

以五種特質來描述人格的「五大人格特質理論」

19 60年代之後，掌握人格特質的研究開始透過大規模的統計、電腦運算來進行解析，再加上多位學者的研究成果，最後將描述人格的語彙歸納成以下5種，分別是「神經質」（neuroticism）、「外向性」（extraversion）、「開放性」（openness）、「友善性」（agreeableness）、「嚴謹性」（conscientiousness）。特質的名稱和定義會依研究者而有所差異。

再者，同樣的研究方法即使在英語圈以外的語言和文化圈，也一樣能歸納出這5類，因此可知這五個人格特質與語言文化無關，是人格共通的特質。

美國心理學家戈德堡（Lewis Goldberg，1932～）將這5類特質稱為「五大人格特質」（Big Five），以這5類特質來描述人格的理論則稱為「五大人格特質理論」。

未使用電腦前的特質分類

美國心理學家奧爾波特率先以特質論為基礎提出專業人格理論，他從當時（1930年代）世界規模最大的英語辭典《韋氏新國際詞典》中，挑選18,000個「與人的態度和行為相關的語彙」，進行人格特質的分類研究。利用辭典語彙掌握人格特質的做法，是在未使用電腦進行人格特質研究前的基本方法。

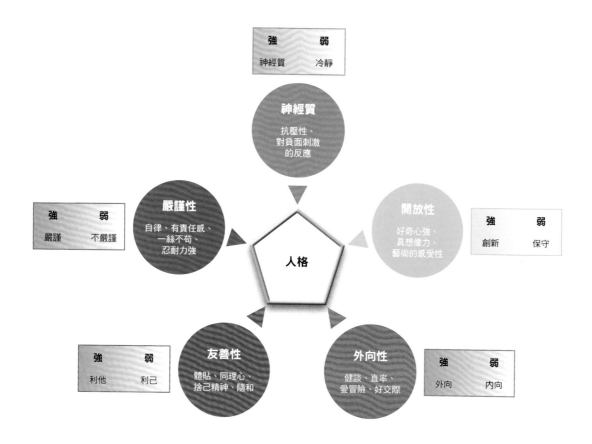

強	弱
神經質	冷靜

神經質
抗壓性、
對負面刺激
的反應

強	弱
嚴謹	不嚴謹

嚴謹性
自律、有責任感、
一絲不苟、
忍耐力強

開放性
好奇心強、
具想像力、
藝術的感受性

強	弱
創新	保守

人格

強	弱
利他	利己

友善性
體貼、同理心、
捨己精神、隨和

外向性
健談、直率、
愛冒險、好交際

強	弱
外向	內向

五大人格特質理論

五大人格特質理論是特質論的一種。透過多個問卷題目，測出如上圖所示的 5 個特質因素偏向，即可將該受試者的人格以如右的雷達圖呈現（每個特質的名稱和定義會依研究者而有些微差異）。

　舉例來說，上圖右下的「外向性」旁邊有個文字方塊，外性向較強就代表具「外向」特質，外向性較弱則具「內向」特質。

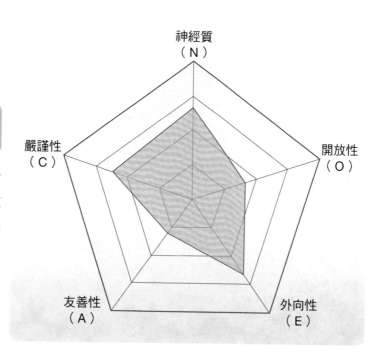

神經質
（N）

嚴謹性
（C）

開放性
（O）

友善性
（A）

外向性
（E）

從客觀角度分析人格的「人格測驗」

在 學校或求職應徵時,有時會被要求填寫「性向測驗」。這些測驗稱為「人格測驗」,是掌握人格時最常使用的手法。

「問卷法」是人格測驗中最普遍的方法。問卷上會列出許多問題,請受試者在「是/否/不知道」這類三段量尺或五段量尺等選項圈選答案。

另外也有所謂的「實作測驗法」,受試者只需要執行連續加法運算,就可依結果來解析人格。

除了人格測驗之外,還有幾種了解人格的方法:調查對象若是嬰兒或幼童,可利用透過觀察行為來掌握人格的「觀察法」;或是採用直接面對面談話,從對方回答的內容與行為來調查人格的「晤談法」。

此外還有「投射法」,是讓受試者觀看意義含糊的語彙或圖像,再從其自由聯想的內容判斷其人格。

投射法

讓受試者觀看圖形,再從他腦海中浮現出的內容來判斷其人格的方法。投射法中最有名的就是「羅夏克墨漬測驗」(Rorschach inkblot test),是依據受試者對墨漬的回應來進行評估。

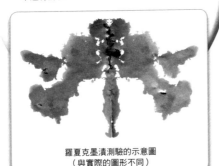

羅夏克墨漬測驗的示意圖
(與實際的圖形不同)

羅夏克墨漬測驗是瑞士精神分析學家羅夏克(Hermann Rorschach,1884〜1922)於1921年提出的測驗法,但由於回應的內容不是客觀的資料,因此在使用上有所侷限。

晤談法

由諮商師進行晤談,從對方的回答內容來調查人格。

廣泛使用的「問卷法」

從客觀角度檢視人格的方法各式各樣，其中最廣為使用的就是「問卷法」。

問卷法

調查人格時最常採用的方法。除了前頁介紹的「五大人格量表」外，還有「YG人格測驗」（Yatabe-Gnilford Test）、「卡氏16種人格因素問卷」（Cattell Sixteen Personality Factor Questionnaire）等。

	●下文是當令人不安的事情發生時，關於內心想法的描述。請詳閱以下項目，若自認確實能做到請選「4」，大致能做到請選「3」，不太能做到請選「2」，完全做不到請選「1」，將符合右欄敘述的數字圈起來。	完全做不到　不太能做到　大致能做到　確實能做到
1	能沉著思考該事件對自己有何意義	1 - 2 - 3 - 4
2	能冷靜思考處於那種狀態的原因，並明白該狀態不會一直持續	1 - 2 - 3 - 4
3	能想出幾個為何會變成那樣的理由	1 - 2 - 3 - 4
4	究竟該怎麼辦才好？能想出幾種思考或行動的方案	1 - 2 - 3 - 4
5	雖然心情不好，但不至於過度負面思考	1 - 2 - 3 - 4
6	即使腦中已浮現可能會發生的壞結果，也能告訴自己這只是想像而已	1 - 2 - 3 - 4
7	能思考狀況的好壞兩面，找出應對的可能方法	1 - 2 - 3 - 4
8	對狀況抱持樂觀的態度，認為逆境也可能是轉機	1 - 2 - 3 - 4
9	能思考自己對狀況的掌握方式與看待事情的傾向	1 - 2 - 3 - 4
10	不會因該狀況而衍生出不好的聯想	1 - 2 - 3 - 4
11	能想像問題解決後的狀況	1 - 2 - 3 - 4
12	當陷入過度思考時能暫時抽離思緒	1 - 2 - 3 - 4

此為「問卷法」的答題紙範例。問卷法會列出許多題目，請受試者選出最符合自己狀況的陳述，進行統計處理之後，得出受試者的人格特質。

實作測驗法

讓受試者進行計算或畫圖等作業，再從結果來判斷人格。例如「內田-克雷佩林測驗」（Uchida-Kraepelin test）等。

內田-克雷佩林測驗

將印在紙上的相鄰數字相加後，於下方填入總和的個位數。作業須反覆進行2次，每次計時15分鐘。從作業量的變化與計算錯誤的量，來判斷受試者的人格與行為特徵。

觀察法

透過觀察行為來掌握人格的方法，常用於嬰幼兒。

人格究竟能不能改變的
「一致性爭論」

你　有想過要改變自己的人格嗎？
　　人格分析等研究方法的前提是「人格具有一致性，無論時間、狀況變遷都不會出現變化。相對於此，美國心理學家米歇爾（Walter Mischel，1930～2018）於1968年提出「人格會隨狀況變化，人格的一致性並

不存在」的主張。這個爭論稱為「一致性爭論」，至今依舊見解分歧。不過，人格最根本的部分皆可用「五大人格特質」來描述，因此不會隨狀況而改變的看法較有說服力。

　　尤其在臨床心理學的領域，對於飽受自身人格所苦的人而言，與其思考要如何改變人

格，還不如正確掌握自己的人格，找出與自己或社會妥協的生存之道。

人格的變與不變

關於「人格變化」的看法，會因研究者不同而有所差異。例如平時性情溫厚的人，一開車上路就變得有攻擊性般，人格有時會隨著狀況而變化，這種現象就稱為「人格模式的改變」。此外，當深愛的人過世、遭逢災害或事故等重大事件，也可能導致人格看起來有所變化，這也稱為「因傷痕引起的人格變化」。不過，一般認為人格就猶如地層是由許多「層」堆疊而成，上述現象都只是人格表面的部分出現變化而已，最根本的部分一輩子都不會改變。

斯皮爾曼主張「智力是由兩種因素組合而成」

心理學中的智力研究，一開始是著重在個體的差異性上。但智力的定義眾說紛紜，測量智力的方法也有很多種。

世界第一套以實用為目的設計的「智力測驗」，是由法國心理學家比奈（Alfred Binet，1857～1911）及其學生西蒙（Theodore Simon，1873～1961）合力編製而成，本來是用於判定跟不上課業進度的發展遲緩兒童。

後來英國心理學家斯皮爾曼（Charles Spearman，1863～1945）從孩童的感覺、記憶等相關測驗，推論出了「二因論」（two-factor theory）。一種是「一般智力因素」（general intelligence factor），為一切智力活動所共同具有的基本能力；另一種是「特殊智力因素」（specific intelligence factor），以下圖為例就是為學習國語、數學等各種領域所依據的特殊能力。斯皮爾曼認為智力並非由單一因素組成，而是兩種因素組合後才構成了個體的差異。

另一方面，美國心理學家塞斯通（Louis Thurstone，1887～1955）從智力測驗的結果得出了語文理解、聯想記憶等7種因素，稱之為「多因論」（multiple-factor theory）。之後，美國心理學家基爾福（Joy Guilford，1897～1987）將多因論建構成立方體模型，發表了「智力多層結構模式」（multi-layer structure of intelligence model）。

斯皮爾曼的「二因論」

主張智力是由所有領域共同具有的一般智力因素，以及對應個別領域的特殊智力因素構成。

一般智力因素（g因素）

所有智力活動必備的基本能力。

特殊智力因素（s因素）

個別領域必備的特殊能力。

國語特殊智力因素
數學特殊智力因素
記憶力特殊智力因素
一般智力因素
自然特殊智力因素
運動特殊智力因素
美術特殊智力因素

基爾福的「智力多層結構模式」

基爾福以三個向度（運作、成果、內容）將多因論建構成立方體模型，可以得出 5×6×5＝150 種因素。

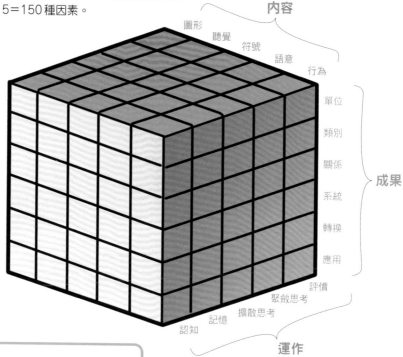

內容

圖形　聽覺　符號　語意　行為

單位
類別
關係
系統
轉換
應用

成果

評價
聚斂思考
擴散思考
記憶
認知

運作

塞斯通的「多因論」

塞斯通並不認同斯皮爾曼的因素分析，他認為智力是由多種能力組合而成，包括記憶單字、數字的「聯想記憶」、理解文章內容的「語文理解」、認知圖形的「空間關係」等等。

知覺判斷速度

空間關係

數學運算

語文理解

一般推理

聯想記憶

語詞流暢

心理學家馬斯洛「將人的需求分為五個層次」

美國的心理學家馬斯洛（Abraham Maslow，1908～1970）提出了「需求層次理論」（Maslow's hierarchy of needs），主張人的需求由五個層次組成，當較低層次的需求獲得滿足後，才能生出較高一層的需求。

最低層次的「生理需求」（physiological needs）是維持生命運作的基本需要，例如食物、睡眠。

當生理需求得到滿足後，就會出現「安全需求」（safety needs）。馬斯洛認為若處於飢餓、衝突、災害之類的狀況，亦即較低層次的需求未被滿足時，較高層次的需求就不會發生。

第三層是「愛與歸屬需求」（love and belongingness needs），希望能在團體裡得到歸屬感藉以逃避孤獨，尋求友誼、愛情等親密的人際關係。當愛與歸屬需求得到滿足後，就會浮現第四層的「自尊需求」（esteem needs），希望受到他人的認同與高度評價。比方說在社群媒體發文，想要獲得大量的按讚數，也是自尊需求的一種。

自尊需求滿足後，就會出現最高層次的「自我實現需求」（self-actualization needs）。所謂的自我實現與周遭他人的評價無關，而是實現自己「想要成為的自己」。

馬斯洛的「需求層次理論」

右圖以金字塔來呈現馬斯洛的「需求層次理論」。馬斯洛調查究竟什麼樣的人可以完成第五層的「自我實現需求」，最後歸納出「能客觀地認清現實」、「比起廣泛而淺交的人際關係，更傾向與少數人建立親密的關係」等共通點。不過，能完成自我實現的人僅占總人口的1～2％。

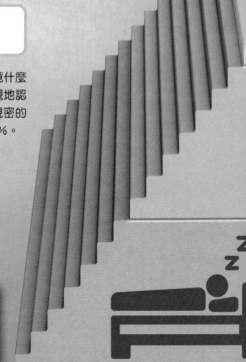

馬斯洛
（1908～1970）
美國心理學家。馬斯洛從已達成自我實現的人身上找到共通點，並認為應該要以這些人的本質為範本。他的研究名為「人本心理學」（humanistic psychology），但也有無法視之為科學的批評聲浪。

5. 自我實現需求

將自己的潛能發揮到極致，成為自己想要成為的那個人。

4. 自尊需求

得到社會的肯定以滿足自尊，希望獲得他人的尊重。

3. 愛與歸屬需求

透過隸屬於某個團體或社會以避免孤獨感，與朋友、伴侶、家人維持良好的人際關係。

2. 安全需求

避開危險、渴望安定的生活，以及工作保障、經濟穩定之類的需求。

1. 生理需求

食慾、睡眠、性慾等生物的本能需求。躲避疼痛和寒冷也包含在內。

5

人際關係心理學

Psychology of human relations

自己認為的「自己」與別人眼中的「自己」

所謂的「自我意識」，是本人面對自我的意識。

但在自我意識中，沒有辦法無視旁人的存在。看似在思考自己，其實大多是意識到「別人眼中的自己」。

以「自我」為研究對象的美國心理學家詹姆斯（William James，1842～1910）將自我分為兩種：自己認識的自我 —— 主我，以及別人從客觀角度對自己的看法 —— 客我。而美國心理學家巴斯（Arnold Buss，1924～2021）則提出自我意識包括兩個要素：一個是關注別人透過外貌和行為舉止觀察到自己的「公眾自我意識」（public self-consciousnes），一個是別人無法觀察或關注自我內在情緒想法的「私我自我意識」（private self-consciousness）。

私我自我意識高的人比較在乎自己的想法和情緒，關心他人的程度比較低。反之，公眾自我意識高的人比較在意「別人對自己的看法」。

本章的主題將聚焦在人際關係中自己與他人間的心理運作。

以自己為主體
（主我）

以自己為客體
（客我）

物質自我
自己的身體、家人、財產等相關意識

社會自我
別人對自己的看法、印象等相關意識

精神自我
自己的人格、價值觀等相關意識

詹姆斯的「自我概念」

詹姆斯的自我概念可分成以自己為主體的「主我」和以自己為客體的「客我」。客我又由三個部分組成：「物質自我」、「社會自我」和「精神自我」。

公眾自我意識和私我自我意識

巴斯提出量表來測量自我意識強弱的個體差異。其中包含了兩個向度的題目：關注別人從服裝和髮型等來觀察自己的「公眾自我意識」，以及別人觀察不到、關注自己內心及情緒的「私我自我意識」。

私我自我意識

關注自己內心的想法。

公眾自我意識

關注他人如何看待自己。

「自我意識過剩」是每個人都有的傾向

「自我意識過剩」是比較通俗的說法，意思是指過於在意他人眼光，認為自己是大家關注的焦點，這是一種「自我意識特質」。

美國的心理學家費尼葛斯坦（Allan Fenigstein，1974～）對自我意識的特性做了某項實驗。

老師將考卷發還給學生時說道：「有個同學的成績很差」。結果全班50人中，有10人以上都自覺「那個成績很差的人就是我」。50人中有1人，所以實際上只有2%才對，但實驗中卻有20％的人都覺得「就是我」，這就叫做「自己為目標偏誤」。

我們常覺得所有事情都跟自己有關，但每個人都有這種傾向，其實別人並沒有想像中那麼在意自己。

即便自認為是以冷靜的態度在判斷周遭事情，有時還是會受到「偏誤」（偏差）的影響，例如以自我為基準來思考的「自我中心偏誤」，以及右頁所列舉的各種認知偏誤。

專欄 COLUMN 自我中心偏誤

加拿大心理學家羅斯（Michael Ross）和希克利（Fiore Sicoly）於1979年提出，以自我為中心思考事情時可能會出現「自我中心偏誤」。羅斯以「夫妻倆認為自己做了多少家事」為題進行調查，結果發現夫妻兩人都覺得「自己做的家事比較多」。一旦出現自我中心偏誤，就會誇大自己在過去事件中所扮演的角色與重要性。

自己為目標偏誤

意指感覺自己受到別人特別的關注，一般稱為「自我意識過剩」。

因為偏見而做出錯誤判斷的「認知偏誤」

偏誤即偏差、偏見的意思。美國心理學家康納曼（Daniel Kahneman，1934～）指出，人即使自以為做出了理性的判斷，還是會產生因「認知偏誤」造成的判斷偏差。認知偏誤的例子除了以下列舉的以外還有很多。

正常化偏誤

忽視對自己不利的資訊。例如災害時認為「應該不會有事」而太晚去避難。

倖存者偏誤

以戰爭、災害倖存者的證詞為基準，但實際上倖存者的證詞有多少可信度並不得而知。

後見之明偏誤

像是「果然不出我所料」、「我早就說了嘛」之類的說詞，在事件發生後，錯以為自己事前就已經預知結果。

確認偏誤

比方說想要買遊戲機的小孩以「大家都有」為理由，只蒐集對自己有利的資訊。

自利偏誤

成功的話就覺得是「憑自己的本事」，失敗的話就歸咎於「環境的因素」。

賭徒謬誤

誤以為自己能看穿固定機率的現象，例如俄羅斯輪盤連續5次都開出紅色，就認為「下一次可能會開出黑色」。

製造藉口的心理「自我設限」

重視自我人格的感受稱為「自尊」或「自尊心」。

人類有時會為了維護自尊而下意識地採取某些行為。有人有過這樣的經驗嗎？在考試的前一天還打電動打到很晚，或是開始收拾平常懶得整理的房間。心理學把這樣的行為稱為「自我設限」（self-handicapping），由於畏懼失敗造成傷害，為了維護自尊而事先採取預防措施。

這樣的心理人人都會有，失敗了就能找藉口推說「不是我的錯」；成功了則會讓別人覺得「即使有困難阻礙還是成功了」，進而提高對自己的評價。

自我設限的可怕之處不僅是對他人說謊、讓自己信以為真，還會令自己不加思索採取這樣的行為。對於失敗會招來別人負面評價的焦慮和恐懼，反而容易在現實中引發失敗的行為。

自我設限有兩種

自我設限大致可分成兩種：「取得的自我設限」和「宣稱的自我設限」。

取得的自我設限意指自行做出設限的行為，比如說考試的前一天還在打電動或打掃房間。宣稱的自我設限則是在考試前說自己「都沒有唸書」、「身體不舒服」等等，對周圍的人做出預防性發言。

自我設限的特徵是把失敗的原因歸咎於外在因素，把成功的原因歸功於自己。如果持續自我設限，會因為就算失敗也不影響別人對自己的評價，而造成無法培養上進心和挑戰動力的弊病。

取得的自我設限

事先找好失敗時的藉口

在考試前一天還在打電動、打掃房間的行為就屬於這種。這些行為的背後是對自己沒有信心，想為失敗找藉口的一種自我防衛。

宣稱的自我設限

避免失敗時招來別人的負面評價

高爾夫比賽的早上，拿「我昨晚喝到很晚，今天精神不太好」當作對同事說的藉口；考試當天，對朋友說「我昨天完全沒唸書」……都屬於這種。這些發言的背後是為了失敗時能避免別人的負面評價，成功時能贏得較高評價的一種自我防衛。

人會在潛意識中改變想法以消除「認知失調」

若心中存在著矛盾的念頭，並引發緊張或不愉快的感覺，這種狀態稱為「認知失調」。這是由美國社會心理學家費斯汀格（Leon Festinger，1919～1989）所提出。為了消除認知失調，人會透過修正想法（認知）來取得心理的平衡。比方說在減肥期間吃了甜食，只好用「忍耐造成的壓力反而容易發胖」（所以我吃並沒有錯）為理由來改變自己的認知，好讓行為或事情合理化。

下圖是1959年費斯汀格所進行的實驗。先

執行移動線軸之類的無聊工作，共計1小時。

報酬為1美元的組別

$1

執行完工作的受試者

工作很有趣唷

下一位受試者（暗椿）
※事先安排好的助手

報酬為20美元的組別

$20

執行完工作的受試者

工作很有趣唷

下一位受試者（暗椿）

為保持前後一致而修正原本的想法

費斯汀格在實驗中先讓受試者執行「將線軸移動至托盤」之類的無聊工作，然後支付報酬（1美元或20美元），並要求對下一位受試者宣稱「工作很有趣」。幾天後請大家回想工作的內容，結果領取1美元報酬的人覺得「工作很有趣」的傾向較高（右頁圖表）。

讓受試者執行一項無聊的工作，再要求他向下一位受試者宣稱「工作很有趣」。受試者分成兩組，其中一組可得20美元的謝禮，另外一組只有1美元的報酬。幾天後詢問受試者的感想，結果發現拿到1美元報酬的那一組人回答「工作很有趣」的比例較高。

即便覺得其實工作很無聊，也無法修正已經向別人宣稱「工作很有趣」的說詞，所以只好將自己的認知替換成「工作的確很有趣」。但是領到高額報酬（20美元）的那一組人，反而不太會出現認知失調的情形。這是因為拿到了高額報酬，所以「會為了報酬而說謊」將說謊的行為合理化，使得認知失調減少了。身處於不合理的低薪、惡劣勞動環境的黑心公司，卻仍然尋求工作價值感的人，或許也與費斯汀格的實驗結果相符。

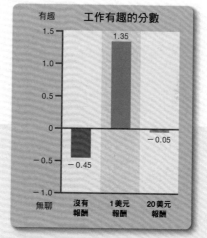

圖表為將實驗的有趣程度化成分數後的平均值（正值代表有趣，負值代表無聊）。此外，實驗中亦安排了一組人沒有報酬，也不用對下一位受試者謊稱工作很有趣。結果發現「沒有報酬」的人會老實地說出工作很無聊。

以印象來評價他人的 「光暈效應」

世上總流傳著「人不可貌相」這樣的箴言，就是因為人類往往用外貌來評斷他人。

比方說穿著西裝，看起來體面的人，容易給人工作能力也很強的印象。像這樣在某個領域表現突出，便以為在其他沒有直接關聯的部分也一樣出色，稱為「光暈效應」（halo effect）。halo亦有「光環」、「光輪」的含意（下圖）。

有關光暈效應的研究可以上溯至1920年代。另外還有一種與光暈效應相反的「尖角效應」（horn effect），亦即因為某個負面的評價，進而認為其他的部分也都是不好的。horn在此意指惡魔頭上的尖角。

換言之，不管是正面還是負面，整體的印象或突出的特徵都會影響到對於其他項目的評價。

光暈與尖角

光暈指的是繪畫中神佛或聖人身後的光芒。以下方的濕壁畫為例，左邊基督像頭部周圍的圓形光環即為光暈，右邊惡魔頭頂上的就是尖角。

見到外型出色的人，便以為對方個性也很好

雖然也會依工作內容而定，但外貌和工作能力應該沒有直接的關聯才對。不過，穿著得體的人的確比較容易得到別人的信任（光暈效應）；反之服裝邋遢、態度不佳的人，就會讓人想到工作表現應該也不好（尖角效應）。受到外表誤導而輕易地評價他人，這種情形其實很常見。

光暈效應不只發生在人的身上，對物品也適用

美國康乃爾大學的研究團隊針對食品的光暈效應進行相關實驗，並於2013年提出論文。實驗發現，標示為「有機食品（使用有機栽培的原料）」的產品容易給人「低熱量」、「低脂肪」、「富含膳食纖維」這類有益健康的印象，所以讓很多人願意支付較高的金額來購買。但其實有機食品與食品的熱量、脂肪含量並沒有直接的關係，只是受到有機的正面特質影響，誇大了其他部分的優點所致。

迅速掌握人際關係的心理「刻板印象」

本人嚴謹守時、德國人具職人氣質、美國人粗枝大葉……我們習慣以先入為主的觀念去評斷他人，這些便是受到「刻板印象」（stereotype）所影響。

出了社會之後，我們會隸屬於某個國家、組織、年齡、性別等等的社會類別。同時深信在各個社會類別中的人們都擁有共通的特徵，而這些特徵經過簡化之後就是所謂的「刻板印象」。

人在日常生活中幾乎不會強烈意識到刻板印象的存在，不過只要一接收到符合刻板印象的資訊，就會在潛意識中特別去注意。舉例來說，遇到喜歡喝啤酒的德國人時，即使明知不是每個德國人都愛啤酒，但還是會深刻地認為「德國人果然愛喝啤酒啊」，這就叫做「選擇性知覺」（selective perception）。另一方面，若是遇到討厭啤酒的德國人，就心想「真是個奇怪的德國人啊」，將與刻板印象不一致的人和行為都視為例外，則稱為「次分類」（subtyping）。人會在這樣的反覆過程中，繼續維持、強化已深植在自己心中的刻板印象。

何謂刻板印象

刻板印象是由「stereos」和「typos」這兩個字構成，stereos是指印刷所使用的鉛板。換句話說，刻板印象的意思就是「如鉛版印刷般一模一樣的東西」。

可由 4 個資訊偏誤來說明「選擇性知覺」和「次分類」

與刻板印象不一致時

次分類

✕

與刻板印象一致時

選擇性知覺

竟然討厭啤酒，
真是個奇怪的德國人啊

德國人果然
愛喝啤酒啊

訊息擷取偏誤
想要選取符合刻板印象
資訊的心理。

記憶偏誤
容易記住符合刻板印象
資訊的心理。

解釋偏誤
即使接觸到與刻板印象
矛盾的資訊，也會順應
原本刻板印象去解釋的
心理。

信念偏誤
當刻板印象得到確認後
會感覺愉快的心理。

刻板印象與偏見

刻板印象也可能導致人的思考方式或行為態度有所偏頗，有時稱之為
「偏見」，而基於偏見造成對他人的不利行為就是「歧視」了。因此，
必須回頭審視自己是否會以特定的刻板印象去評斷他人。

謠言擴散難易度的公式「R～i×a」

世界上有各種各樣的謠言，從親友之間的閒聊八卦到引起社會騷動的流言蜚語都是。美國心理學家奧爾波特（1897～1967）等人，將謠言擴散的難易度以「R～i×a」的算式來表現（謠言公式）。R代表謠言擴散的難易度，i代表資訊的重要性，a代表證據的模糊性，～代表比例。

依照上述公式，當資訊越重要或證據的模糊性越高時，謠言就越容易擴散。但若是兩者之中任一個為零，則謠言擴散的程度也會是零。

最符合該公式的例子為1973年在日本愛知縣引發的信用金庫騷動。事件始於當地的女高中生傳出「某家信用金庫好像快倒閉了」的無聊謠言，沒想到之後散布開來，導致後來信用金庫被前來提領存款的民眾擠得水洩不通。再補充一點說明，該地區於幾年前曾經發生過金融機關破產的案例。

除了信用金庫的事件以外，還有很多因為散布範圍太廣而造成社會問題的流言。攸關性命的重要大事再加上無用及應對方法不明確的資訊，例如地震預言及不治之症等謠言，都很容易蔓延開來。

謠言公式	R	$\sim$	i	$\times$	a
	謠言擴散的難易度	比例	資訊的重要性	×	證據的模糊性

資訊越重要、證據越模糊，
謠言越容易擴散。

謠言可大致分成3種

八卦
熟人之間閒聊自身周遭的人事物。

流言
內容與地震、流行病之類的社會訊息有關。

都市傳說
如「裂嘴女」、「廁所裡的花子」這種只是為了好玩而傳播的謠言。

信用金庫倒閉的謠言是如何擴散開來的呢？

造成騷動的「某家信用金庫好像快倒閉了」的謠言，為何會擴散到這種地步呢？以下是從謠言公式的要素「i（資訊的重要性）」和「a（證據的模糊性）」加以分析的結果。

（i）信用金庫的破產是與自身財產直接連結的重要大事。
（a）過去該地區有過金融機構破產的案例，民眾還殘留著「金融機關存續、破產的證據本來就很模糊也不值得信任」的印象，相關（金融機關破產）證據的模糊性也高。

　（i）和（a）兩者皆高，所以謠言容易擴散的程度（R）也隨之變高。
　除了信用金庫的事件以外，還有很多因為散布範圍太廣而造成社會問題的流言。多個實驗也已經證實，引發人們焦慮或恐懼的「恐怖流言」會比反映希望或願望的「願望流言」更容易擴散。

惡質商業手法的「得寸進尺策略」

惡質的商業手法是巧妙利用人類心理的手段。

「不會占用您太多時間，能麻煩您回答幾個簡單的問題嗎？」像這樣的請託，想必很多人都在電話中或是路邊被問過。此時問卷調查並不是主要目的，等到回答完之後，對方就會提出希望您能繼續聊聊的「麻煩請求」，亦即所謂的「得寸進尺策略」（foot-in-the-door technique，又稱階段性說服法、登門檻效應）。

得寸進尺策略就是利用人對於他人貿然提出的麻煩請求，通常不會輕易做出承諾，但若先答應了自己覺得「無妨」的「微小請求」，就會在不知不覺中也同意之後的請求。

1966年，美國的心理學家弗里德曼（Jonathan Freedman，1946～）等人以實驗的方式驗證了上述心理效應（右圖）。

由於事先答應了微小的請求，所以即便對方提出更麻煩的請求，自己也已經準備好要接受請託的態度了。

用於「請託」的心理手段還有「低飛球策略」（low-ball technique）、「以退為進策略」（door-in-the-face technique）等等。

低飛球策略

先提出一個對方會輕易接受的要求（較容易接到的低飛球），等對方接受以後再提出真正的要求。以汽車銷售為例，就是刻意先提出比實際定價還要低的報價。之後就算還要加價選配，顧客也不會改變要購買的決定了。這是因為人一旦自己做出了決定，就很難再收回的「承諾效應」（commitment effect）所致。

以汽車銷售為例

以退為進策略

故意先提出一個高難度的要求，等到對方拒絕後再提出較小的真正要求。並非是兩相比較之後才答應了難度較低的要求，而是因為對方已主動退讓，自己若再拒絕反而會有內疚感的緣故，亦即利用「互惠式讓步原理」的一種心理技巧。

以戒指販售為例

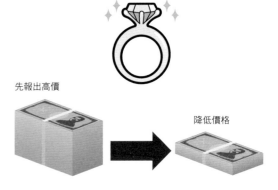

先報出高價　→　降低價格

先提出麻煩的請求

自稱是消費生活調查員的
研究小組

麻煩請求

主婦

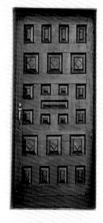

約**22**％同意

先提出微小的請求

自稱是消費生活調查員的
研究小組

微小請求

主婦

麻煩請求

約**53**％同意

先提出微小的請求，比較容易使對方接受

以下是弗里德曼等人所進行的「得寸進尺策略」實驗。

首先讓研究小組以消費生活調查員的名義，針對分成兩組各36人的主婦進行電訪。其中一組會先提出「想要調查家裡的家具，希望能派5～6位調查員到府上拜訪」的麻煩請求；另一組則會先提出「針對目前使用中的家庭用品進行問卷調查」的微小請求，三天後再撥電話給上回有接受微小請求的主婦，提出派調查員登門拜訪的麻煩請求。結果，在第一通電話就對主婦提出麻煩請求之中，只有約22％的人（36人中有8人）同意；而之前已經先答應過微小請求的主婦中，則有約53％（36人中有19人）同意接受後續的麻煩請求。

戀愛時怦然心動和「情緒二因論」

遇到喜歡的人會不由自主地心跳加快，大家應該有過這樣的經驗。情緒與心跳數增加、手腳震動等身體上的變化（生理變化）有密切的關係。

話雖如此，同樣都是心跳數上升，所引發的情緒卻有可能不同。產生什麼樣的情緒不只與生理變化有關，也會受到周圍狀況的影響，而美國心理學家沙其特（Stanley Schachter，1922～1997）稱之為「情緒二因論」（two-factor theory of emotion）

沙其特等人於1962年進行了一項驗證實驗（下圖）。他們將受試者分成兩組，其中一組在注射前會告知對方「有興奮作用」，另一組則在沒有任何說明的狀況下接受注射，接著請一位開朗的女性（暗樁）跟他們聊天。結果，被告知「有興奮作用」的那一組人認為自己怦然心動是因為注射的關係；而沒有收到任何說明的那一組人，則以為自己對眼前的女性有好感。

雖然同樣都是興奮的現象，但本人對於興奮原因為何的認定會左右情緒的種類和程度。若透過事前資訊的操作，就有可能將人誘導至某種特定的情緒。

產生什麼樣的情緒是由資訊及周圍狀況左右

對受試者注射會引發興奮作用的腎上腺素，但宣稱只是維他命。此時將受試者分成兩組，其中一組告知注射後會有興奮作用，另一組則無任何說明。注射後，在另一個房間請暗樁（受實驗主辦方的指示扮演特定角色的人）與受試者愉快地聊天。之後，詢問受試者當下有什麼情緒。未被告知有興奮作用的那一組人會將興奮的理由歸於外部（個性開朗的暗樁），更容易感受到快樂。

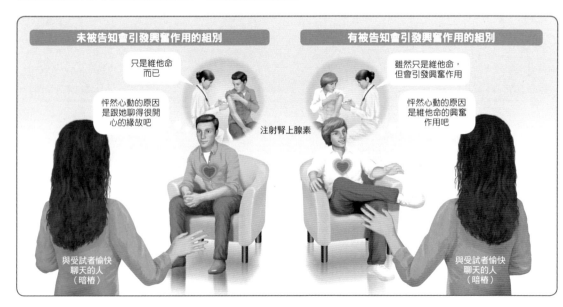

未被告知會引發興奮作用的組別

只是維他命而已

怦然心動的原因是跟她聊得很開心的緣故吧

注射腎上腺素

與受試者愉快聊天的人（暗樁）

有被告知會引發興奮作用的組別

雖然只是維他命，但會引發興奮作用

怦然心動的原因是維他命的興奮作用吧

與受試者愉快聊天的人（暗樁）

將恐懼時的心怦怦跳誤以為是愛情……但不適用自己不喜歡的類型

一般多認為心怦怦跳的原因是「和喜歡的人在一起的緣故」。但是看場合有可能會產生錯覺，亦即認為「心跳加速的原因或許是我喜歡這個人」。

為了驗證這個說法，加拿大社會心理學家達頓（Donald Dutton，1943～）和亞倫（Arthur Aron，1945～）選了一座高70公尺的吊橋來進行實驗（如圖）。結果發現在吊橋上，男性受試者很容易對安排的暗樁女性產生情愫。站在吊橋上時因為害怕而感到心跳加快，卻誤以為是「身旁美女所致」，這就是俗稱的「吊橋效應」。

但是美國社會心理學家懷特（Gregory White）等人做了類似的實驗之後，卻發現如果原本就感受不到對方的魅力，那麼就算心怦怦跳也不會產生情愫（下圖）。這是因為先想到「若感受不到對方的魅力，也就不可能萌生好感」，所以會另外尋求心跳加速的原因。

吊橋　　　　　　　水泥橋

撥打電話的人有
50 %

撥打電話的人有
12.5 %

吊橋實驗

安排一位女性走到獨自過橋的男性身旁，請他協助一份簡單的問卷調查。回答完問卷後，告知「如果想知道結果，可以打這支電話聯絡」，並將自己的電話號碼交給男性。結果有半數的男性會撥打電話。另外，也在高度較低的水泥橋上進行了這項實驗，但幾乎不太有人回撥電話。

慢跑後魅力程度上升　　　　　　　　慢跑後魅力程度下降

不喜歡也不討厭的女性類型　　　　　不喜歡（感受不到魅力）的女性類型

受試者

慢跑實驗

懷特等人在1981年進行的實驗中，請男性受試者慢跑2分鐘令心跳數增加，且在慢跑的前後請他觀看女性的圖像並為其魅力程度打分數。結果發現在慢跑後，女性的魅力程度會比較高。但若是刻意在化妝、髮型、服裝上打扮成毫無魅力的女性類型（右側），則男性在慢跑後所感受到的魅力程度會降低。

6

團體心理學
Group psychology

內團體和外團體

以人際關係為重心來思考心智活動的「社會心理學」

人總會在潛意識判斷他人是不是自己的同伴。不是同伴的人說不定會危害自己，因此必須有所警戒。另一方面，對於不需要警戒的同伴，則容易抱持好感、給予過高的評價。像這樣偏袒同伴的傾向，在心理學中稱為「內團體偏私」（ingroup favoritism）或是「內團體偏誤」（ingroup bias）。「內團體」指的是自己隸屬的團體，「外團體」則是自己不隸屬的其他團體。提出內團體偏誤的人是波蘭出生的英國心理學家泰弗爾（Henri Tajfel，1919～1982）。歸屬感（隸屬於該團體的意識）越高的人越容易發生內團體偏誤，而且可能是「社會認定」所引起的。

　出身於德國的美國心理學家勒溫（1890～1947）提出，人的想法和行為會受到與他人之間的關係以及周圍團體的影響。之後，以人際關係為重心來思考心智活動的「社會心理學」因此誕生。社會心理學就如第26頁所述，承襲了完形心理學的觀點。完形心理學主張人類的知覺並無法單純合計要素來說明，必須連同包含要素排列方式在內的「整體」也納入考量。社會心理學認為這個觀點不只適用於知覺，也適用於思考方面。

　本章主要探討與他人互動時的心理運作以及團體內的心理狀態等各種現象。

從個人隸屬的團體來統合自己的「社會認定」

社會認定是指人們會以所屬團體的身分或屬性來定義自己。比方說，在國際運動賽事中看到自己國家的選手勝出就開心得像是自己贏了比賽般，或是自己的學校受到外界好評而覺得與有榮焉。

團體之間
出現衝突的原理

團體中的成員會朝著共同目標團結在一起。但若多個團體同時存在,即使沒有特別的原因,各團體之間也會萌生敵意。1954年美國的心理學家薛立夫(Muzafer Sherif,1906〜1988)透過「強盜洞實驗」(Robber's Cave experiment)得到了驗證(右圖)。

在該實驗中,兩個團體之間發生了衝突。

團體間出現激烈競爭的理由,可以從好幾個理論來說明。例如「現實團體衝突理論」(realistic group conflict theory),團體間為了搶奪貧乏的資源(實驗中的獎品),所以不得不互相展開競爭。

社會認定理論認為,即使不是搶奪貧乏資源的情境設定,對團體強烈的歸屬感(同伴意識)也會導致偏袒自己所屬的團體,並對其他團體持否定的態度,因此容易造成團體之間出現衝突。

在強盜洞實驗中,最後是透過讓兩個團體擁有共同的目標,才消除了彼此間的對立。比如說合力用繩子拉動無法動彈的貨車,在同心協力下成功解決問題後,不僅消除了團體間的衝突也構築彼此友好的關係。

從對立走向友好

實驗地點為美國俄克拉荷馬州的強盜洞州立公園,實驗對象為參加夏令營的小學生(11歲)共22位男生,為期約3週。雖然途中兩個團體間的衝突變得嚴重,但最後藉由共同解決問題消除了對立的狀況。

在進行該實驗以前,一般多認為解決團體間衝突的方式是預備一組共同的敵人(第三個團體),可是這樣做並無法化解對立。此外也有報告指出,即使設定了共同目標讓大家合力實現,但如果沒有出現成果(持續失敗)的話彼此關係也不會好轉。

1 自然而然地出現團隊的領袖

將孩童分成兩組,每組各11人。在第一個星期時,彼此都不知道還有別組的存在。孩童彼此互不相識,但自然就會有具領袖特質的人站出來,並以他為中心逐漸形成一個金字塔型(階級)的團體結構。

2 因為競爭造成對立加劇

實驗來到第二個星期,眾人被告知除了自己這組以外還有另外一組。接著安排拔河或棒球比賽,獲勝的組別可以拿到獎品。在競爭下,兩個團體的衝突越演越烈,甚至引發了必須由工作人員介入調停的大亂鬥。

3 攜手合作消除對立

刻意設計幾個必須由兩個團體同心協力才能解決的狀況,比如說採購食材的貨車突然故障。在共同作業中,兩個團體間的關係也開始轉為友好。

呈現領導能力的「PM理論」

每個人都有所屬的各種組織或團體,像是家庭、學校、公司、球隊等。在團體之中常會遇到解決課題、提升業績、贏得比賽之類的明確目標。許多目標無法憑一己之力完成,必須憑藉團體多數成員的努力才有可能達成,像這樣達成團體目標的領導角色與過程稱為「領導」。提到領導,一般會聯想到能者作為團體表率使勁地拉拔成員,但實際上並不限於特定的個人發揮所長,而是指讓每一位成員都能有所發揮的團體能力。

再者,對團體成員造成影響並發揮領導能力的人稱為「領導者」或「領袖」,但就算領導者再怎麼口若懸河,若無法打動人心也毫無意義。只有在獲得成員認可之後,才會出現所謂的領導。

團體運作除了達成目標之外,團體維持的功能也很重要。太急於達成目標,有時會忽略了成員的心情;反之,過於重視成員想法的話,有時又無法達成目標。因此,在兩者之間取得平衡非常重要。

日本社會心理學家三隅二不二(1924～2002)提出的PM理論,即從這兩個功能來分析領導的論述。

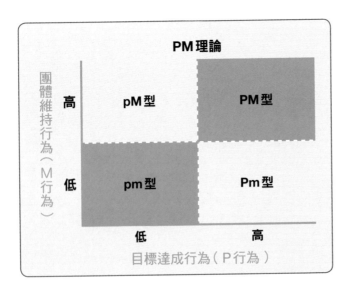

PM理論

團體維持行為(M行為)

高　　pM型　　　　PM型

低　　pm型　　　　Pm型

低　　　　　　高

目標達成行為(P行為)

PM理論

就如左圖所示,所謂的PM理論是以目標達成行為(P行為)與團體維持行為(M行為)這兩種功能來分析領導行為的論述。在PM理論中,領導者的行為促進了這兩種功能。根據各行為的高低程度,可將領導行為分成四個類型。從團體的生產性、成員的滿意度和積極度來看,P行為與M行為兼具的PM型是最有成效的領導。

領導者有兩種類型

領導者可大致分成兩種類型。一種是像球隊隊長那樣領導既存團體的人物,另一種是在率領眾人的過程中組織成一個堅固的團體,或是在團體內大力推行改革的人物,例如歷史上的偉人。這樣的領導方式又稱為「魅力型領導」或「轉換型領導」。

P行為
（Performance）

目標達成行為

為了達成目標,領導者對成員
造成的影響。

M行為
（Maintenance）

團體維持行為

為了維持團體及成員之間人際
關係的行為。

他人在場成績就變好的「社會助長」

「社會助長」（social facilitation）是指相較於一人獨自做工作，有別人在場時更能提升工作或行為效率的現象。社會助長最常見的情況就是「觀眾效應」（audience effect）。

最先提出此概念的人是美國心理學家崔普烈（Norman Triplett，1861～1934），發表於1898年的論文中。他發現在自行車的計時賽中，多人同時比賽的成績會比一個人單獨比賽時的成績還要好，甚至快了近20％的時間。即使不是如自行車比賽般的競技運動，和其他人一起做同樣工作時也會有社會助長的現象，稱為「共作效應」（coaction effect）。

但觀眾效應有時也會出現反作用，例如周圍的人抱持著過高的期待，或者是在別人的監督下進行工作，稱為「社會抑制」（social inhibition）。

既然一樣都是在別人的目光注視下，那為何有時是抑制有時是助長呢？一般來說，若本人對這個工作或行為已充分練習、擁有自信，就會產生社會助長作用；若是練習不足、感到焦慮，則會引發社會抑制作用。

觀眾效應

他人在場所帶來的「觀眾效應」能增加行為或工作的效率。一般認為這個效果在運動的世界裡也同樣適用，可以提升選手的表現。另一方面，觀眾效應也可能導致成績、效率下降，有時是因為周遭旁人的期望過高、自己練習不足而內心焦慮所致，或者是「評價憂慮」（evaluation apprehension）的緣故。所謂的評價憂慮是指擔心及預期他人會對自己做出否定的評價。

社會助長

表現得跟練習時一樣好就行了！

已做好充分的準備，能輕而易舉完成工作任務。

因為練習不足而感到沒自信、焦慮不安。

好緊張……

社會抑制

社會助長

崔普烈雖然是首位提出社會助長理論的人，但外界認為作為
研究對象的競技資料樣本數並不夠多。後來由美國心理學家
奧爾波特（1897～1967）透過實驗的方式予以驗證。

社會助長

當他人在場或是有旁人
關注時，工作、行為的
表現會提高。

社會抑制

當他人在場或是有旁人
關注時，工作、行為的
表現會下降。

結論往極端方向轉變的「團體極化」

團體做決定時，經過成員間的個人判斷、情緒、行為等多方討論後，常出現往極端方向加強的現象，稱為「團體極化」（group polarization）。

1961年，美國的社會心理學家史托納（James Stoner，1935～）發現，相較於原本團體成員個人的決定，經過團體討論後更傾向做出風險較高（較危險）的決策，他將該現象叫做「冒險遷移」（risky shift）。

在史托納的實驗（右圖）中，會先請每一位受試者對於正在煩惱是否要接受高風險手術的人回答「成功率至少要多少以上才會建議對方接受手術呢」的問題。接著向團體（6人）提出一樣的問題，請成員們進行討論。

結果顯示，比起受試者獨自判斷時的平均回答，跟別人討論後的最終回答落在高風險選項的傾向較高。

後來又發現了與冒險遷移相反方向的團體極化，亦即所謂的「謹慎遷移」（cautious shift），意指團體討論後的結果比個人獨斷的決定更為謹慎保守。

無論是往危險的方向還是安全的方向，只要團體做決策時是採用多數決的方式，就容易形成團體極化。

專欄 COLUMN　在團體中會產生的偷懶心理

幾個人一起搬重物的時候，有的人心想著「自己不出力應該也無所謂」而裝裝樣子沒有出力，這種「社會閒散」（social loafing）的心理也稱為「林格曼效應」（Ringelmann effect），已透過實驗得到驗證。實驗中會讓每一位受試者用力拉下吊環，並測量張力的大小。所有的受試者會聽到廣播：「在第1次和第12次的測量中會記錄個人的張力，其餘幾次則是記錄全員的張力總和」，結果在測量全員的張力總和時，混水摸魚的人變多了，而且該傾向明顯以男性居多。

過於尊重團體的意見會導致極端的決策

此為史托納在1961年進行的實驗。在總結團體的意見時，排除掉批判的意見及少數人的意見，或是過於相信團體決策的正確性，就叫做「團體迷思」（group think）。團體迷思有時會妨礙內部進行充分溝通與可能性的檢討，導致無法做出最適合的決定。

Q 如果某人正在猶豫是否要接受若失敗恐會致命的危險手術，那麼手術成功率至少要多少你才會建議對方接受呢？

個人的意見偏向謹慎

每個人都回答了關於成功率的提問，個人意見的平均為78%。這裡列出的數值並不是實際的實驗結果，而是為方便說明所設定的數值。

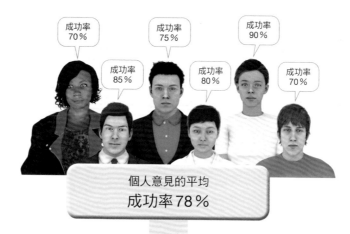

成功率
70%

成功率
85%

成功率
75%

成功率
80%

成功率
90%

成功率
70%

個人意見的平均
成功率78%

團體的結論
成功率70%

成功率70%

團體討論後的風險變化

6位團員討論後，做出了比個人判斷時的平均值更高風險的結論（即使成功率低，仍建議接受手術）。而且團體討論後再次詢問每個人一樣的問題，得到的回答都比最初的決定風險更高。

屈從多數人想法的「同儕壓力」

受到周遭的意見影響並改為迎合別人的行為，稱為「同儕壓力」（從眾行為）。

美國心理學家阿希（Solomon Asch，1907～1996）為了調查容易產生從眾行為的情境，進行了以下的實驗（如圖）。首先，拿出一張畫了基準線的紙卡。接著出示另一張紙卡，上面畫有3條長度不等的線，其中只有1條線與基準線等長，接著請實驗對象回答與基準線等長的線是哪一條。

若實驗對象只有一位，正確率幾乎可達100%。但如果有多位暗椿（事先安排的假受試者）故意說出同一個錯誤的答案，則有37%的人在多回合的實驗中會有一次說出與暗椿一樣的錯誤答案。

不想在團體中被人排擠的心理、面對多數意見時反而懷疑起自己原本想法的心理，都可能是造成從眾行為的原因。

不加思索地迎合眾人的意見

即便是回答者只有一位時正確率幾乎100%的簡單問題，在團體壓力下也可能會更改自己的答案。從阿希的實驗中可知，當實驗對象以外的所有人意見一致時，最容易產生從眾行為。若進行多回合的實驗，有37%的人會出現一次從眾行為。另一方面，當答案眾說紛紜時，則從眾的比例會下降至5%左右。

回答者只有一位時

正確率為100%

C

實驗對象

與基準線等長的線
是哪一條？

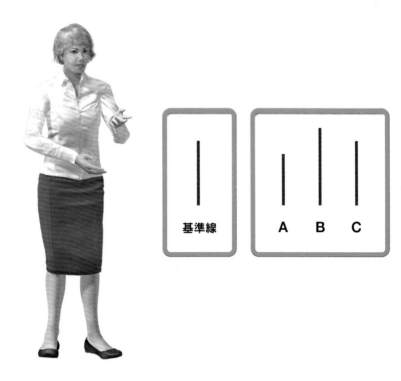

回答者有數人時

就算答案明顯是錯的，也會不自覺地
附和他人

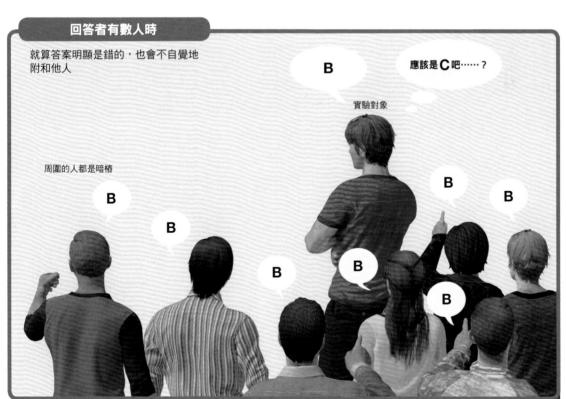

責任分散而無所作為的「旁觀者效應」

周圍的人越多，出手幫忙的人反而越少，這是名為「旁觀者效應」（bystander effect）的心理。

旁觀者效應受到關注，是因為在1964年美國紐約發生一起女性被暴徒攻擊致死的事件。據當時的新聞報導指稱，事件發生的時間有多達38人都聽到了女性的尖叫聲或聲響，但竟然沒有任何一人前去救她或是打電話報警。

美國心理學家拉坦納（Bibb Latané，1937～）等人則認為，或許不是「有38人都覺得有事件發生，卻沒有一個人前往幫忙」，而是「正因為有38人，所以才沒有任何一個人出手搭救吧」，並進行了一項實驗來驗證（如圖）。先安排包含受試者在內約2～6人的團體進行討論，然後在中途請其中一位暗樁假裝癲癇發作，並觀察其他受試者的反應。

有多人在場時

約**31**%

立刻向外求助的比例

實驗結果顯示，當只有受試者和暗椿共 2 位成員時，84％的受試者在看到對方癲癇發作後會馬上向外求助；可是當受試者身處在一個共有 6 位成員的團體時，對外求助的比例反而只有31％。

由此可知，周圍的人越多就越容易出現旁觀者效應。一般認為，這可能是因為除了自己還有許多人在現場，使得責任感被分散所致。

心裡想著
「一定會有人出面幫忙」

此為拉坦納等人的實驗示意圖。該實驗其實是請受試者待在一個房間內，透過麥克風參與討論。而且每位成員的發言時間只有 2 分鐘，時間一到麥克風就會被切掉。因此當暗椿癲癇發作時，受試者無法與其他成員聯絡。再者，參加實驗的人其實只有受試者和暗椿而已，其餘成員都是事先錄好的音檔。

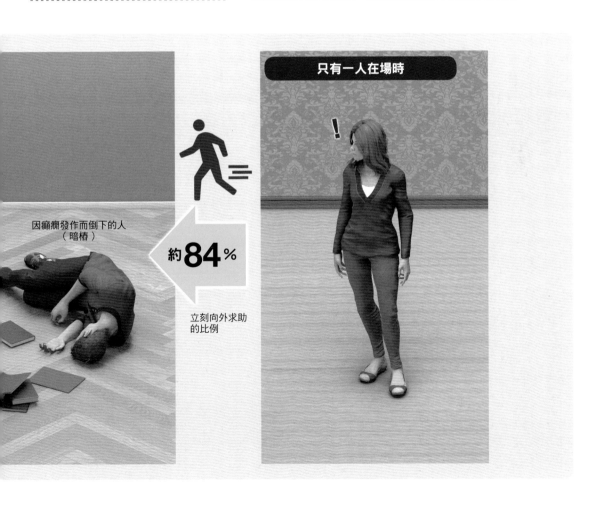

只有一人在場時

因癲癇發作而倒下的人
（暗椿）

約**84**％

立刻向外求助
的比例

「角色」會改變人的行為？「史丹佛監獄實驗」

團體中的角色或地位有時會改變人的行為，最有名的例子就是稱為「史丹佛監獄實驗」（Stanford prison experiment）的心理學實驗。

該實驗於1971年由時任美國史丹佛大學教授的心理學家金巴多（Philip Zimbardo，1933～）所進行。

他將受試者隨機分配，一半扮演囚犯，一半扮演獄警。不過在實驗的過程中，獄警開始對囚犯施以單獨關禁閉和強逼徒手刷馬桶之類的虐待，造成原本預計為期2週的實驗不到6天就宣告中止。

從實驗結果可知，人有盲目服從權威者（實驗中為金巴多教授）的傾向，而且關鍵在於賦予自己的「角色」。

為了強化囚犯和獄警這兩種角色，除了透過服裝來區分之外，還只用編號（ID）來稱呼囚犯。或許是過於融入角色，讓個人的感覺逐漸麻痺（去個性化），才會導致局面完全失控。

不過在2002年進行的重現實驗※中，雖然扮演獄警角色的人理解自己的「角色」，但在對囚犯舞弄權力的時候還是會猶豫不決，與史丹佛監獄實驗的結果並不相同。目前則普遍認為，不合乎倫理的行為，不只與特定的情境及所賦予的角色有關，也是人格特質等諸多因素交互作用的結果。

※BBC監獄實驗。由英國廣播公司（BBC）協助拍攝，於澳洲昆士蘭大學進行的實驗。

由參與實驗的學生分別扮演獄警和囚犯

總共有24位男大學生參與了史丹佛監獄實驗。隨著實驗進行，獄警開始對囚犯施以肉體或精神上的虐待，有囚犯因此情緒崩潰並在中途退出，實驗也為此宣告中止。甚至有人在實驗後還得持續接受心理諮商，該實驗在倫理層面上引發了不少爭議。

由真正的警察逮捕
扮演囚犯的學生被要求換上囚服，關在大學內的模擬監獄，並以編號（ID）來稱呼他們。為了讓實驗更逼真，還請了真正的警察去逮捕學生。

展示權威的獄警
扮演獄警的學生不僅換上了專用制服，還戴上墨鏡讓囚犯難以看穿自己的心思。

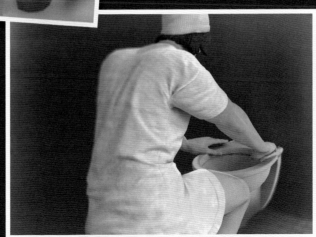

刷馬桶的懲罰
當囚犯表現出反抗的態度時，獄警會施以單獨關禁閉、強逼徒手刷馬桶之類的懲罰。

連續做伏地挺身
獄警的攻擊態度逐漸加劇，經常罰囚犯連續做伏地挺身。

產生「代罪羔羊」的心理

當事件或事故發生時，人會將憤怒的矛頭指向相關的「某個人」，藉此試圖平息自己的怒氣或是焦慮的情緒。

此時發洩的對象就叫做「代罪羔羊」（scapegoat）。

代罪羔羊原本是指古代猶太教信徒舉行贖罪祭時，將人所犯的罪轉移到羊身上並將其放逐曠野，作為祭品的那隻羊。後來衍生為形容代替他人背負罪孽或責任的弱勢者。

將自己的恐懼焦慮
發洩至代罪羔羊身上

以切身的例子來說，在2020年新冠肺炎疫情蔓延之際，對於不戴口罩的人、不減少外出的人、不配合停業要求的店家，張貼誹謗中傷的告示、在社群媒體上激烈指責之類的行為層出不窮。像這樣的攻擊，其實也是一種代罪羔羊現象。

焦慮和恐懼會引發恐慌行為。人一旦陷入恐慌而自覺「對現實失去控制」，焦慮感就會上升並形成壓力，導致出現代罪羔羊的現象。新冠肺炎疫情擴大時，對肉眼看不見的病毒感到恐懼，引發了民眾囤購口罩和酒精的恐慌行為。

我們對真正的敵人——新冠肺炎，無法究責也不能報復，只好把可以究責的人或團體當成代罪羔羊，藉此緩解自己感受到的恐懼和焦慮。

如何避免產生代罪羔羊的心理

要避免產生代罪羔羊的心理，關鍵在於消除源頭的「壓力」。要消除壓力，就必須恢復能夠掌控自己的感覺，也就是「控制感」。藉由運動、「正念」（透過冥想等方式將意識集中在當下的精神狀態，第190頁）等方法，也可以找回對於自己身心的控制感。

7

犯罪心理學

Criminal psychology

容易引發衝動犯罪的三個要素

就算心中憎恨某人，現實中也未必會訴諸暴力。使用暴力與否的分歧點究竟在哪裡呢？

容易引發傷害或單次衝動殺人事件（單純殺人事件）的人具有三個要素：「容易累積怒氣」、「個性衝動」、「難以抑制」。換句話說，一生氣就會以暴力來發洩情緒的人，最容易引發傷害事件或單純殺人事件。

一般認為，擁有這些要素的原因與天生人格和後天環境有關。話雖如此，引發犯罪的原因錯綜複雜，就算擁有容易使用暴力的人格，也會因為後天所處的環境影響而增強或減弱。舉例來說，若有家人、夢想這類需要守護的東西，抑制力就會變強並打消衝動行事的念頭。

不過，也有抑制能力佳卻引發犯罪的案例。例如次頁會詳細說明的心理病態就是抑制力強、可以妥善控制自己的衝動，卻出現犯罪的行為。另外，既非心理病態、抑制力也很強的人，一旦怒氣累積到極限整個大爆炸時，還是會引發犯罪，多數的大宗殺人案件皆屬於此類型。

本章將介紹「犯罪心理學」，亦即研究與犯罪有關的心理現象。

三個要素

較容易成為犯罪者的三個要素如右所示。在「容易累積怒氣」的人當中，有些是把怒氣持續擴大的類型。這樣的人會一直把生氣的事情放在心上，導致新仇舊恨攪在一起，使得怒氣越滾越大。

容易累積怒氣

一發生問題就怪罪別人，愛發脾氣。不斷在心裡反芻憤怒的情緒，容易使怒氣越發加劇。例如搭捷運時被踩到腳，最先想到的不是「因為人潮擁擠的關係，對方不是有意的」，反而認為「那個人應該是故意踩我的腳」。喜歡將錯推到別人身上的人，可以說是容易感到憤怒的人。

個性衝動

變得情緒化，如反射動作般採取行動。

無法抑制

情緒化的行為只會壞事、從長遠來看是給自己找麻煩，但卻難以運用理性好好思考。比方說遇到令人生氣的場面，會考慮到對自己未來影響的人，知道若是現在敗給了一時衝動就等於斷送自己的前途，所以會打消衝動行事的念頭。

缺乏良心及同理心的
「心理病態」犯罪者

「心理病態」（psychopathy）指的是欠缺良心的人，主要特徵如右表所列。

心理病態乍看之下富有魅力，還善於操弄他人。但是這種類型的人只把自己決定的規則奉為圭臬，完全不在乎世俗的規則如何。因此，容易出現欠錢不還、上班遲到或曠職等不負責任的行為。

一般人光是想像自己做了壞事就會感到焦慮、害怕，但心理病態則完全無感，所以能夠對他人極度冷酷，毫不在乎地做出殘暴的舉動。亟欲追求刺激及衝動性高，也都是心理病態的特徵。

心理病態的人口比例其實令人意外地高，大概每100人中就有1～3人。然而未必可將心理病態與犯罪者劃上等號，絕大部分心理病態都是過著安分守己的日常生活。如右表所示，心理病態可大致分成四個類型。而容易引發兇惡犯罪的心理病態，尤以「反社會性因素」的分數有偏高的傾向。

心理病態的特徵

人際因素	外表迷人
	驕傲自大
	操弄他人
	病態性說謊
	無法長久維持婚姻
情緒因素	冷淡、缺乏同理心
	欠缺良心的苛責和罪惡感
	情緒反應浮淺
	對自己的行為毫無責任感
生活型態因素	個性衝動
	追求刺激
	無法控制自己的行為
	缺乏實際的長期目標
	不負責任
	寄生式的生活方式
反社會因素	幼年時的問題行為
	不良少年
	從小開始的行為問題
	假釋遭到撤銷
	多樣性的犯罪

出處：原田（2015）根據Hare（1991）製成

心理病態的分類

心理病態中也有「好的心理病態」，例如不畏懼死亡、團結人民共赴國難的政治家，在高度緊張狀態下仍有出色表現的運動員或表演者等。由於不會被既有的規則、情緒束縛，而難以感到焦慮或害怕，所以能夠果斷地做出決定。如果決策對大多數人來說是有益的，就是「好的心理病態」。

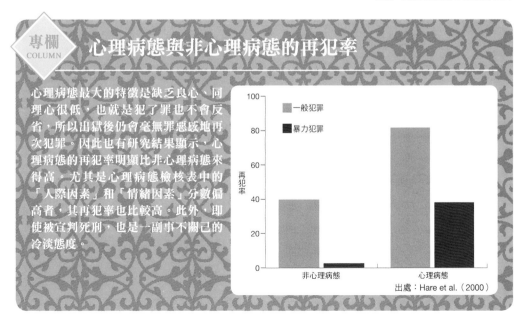

	能力強	能力弱
反社會程度高的暴力心理病態	**成功的心理病態** 雖具有領袖氣質，但毀譽參半的政治家、企業領導人等	**兇惡犯罪者** 殺人、搶劫、放火、強姦之類的犯罪者
反社會程度低的非暴力心理病態	**好的心理病態** 在緊要關頭仍有不凡表現的領導者、頂尖運動員、表演者等	**輕罪者** 做出性騷擾、偷窺、隨地便溺、插隊、露天燃燒東西、跟蹤等困擾行為的人

出處：改編自Dutton & McNab, 2014

專欄 COLUMN 心理病態與非心理病態的再犯率

心理病態最大的特徵是缺乏良心、同理心很低，也就是犯了罪也不會反省，所以出獄後仍會毫無罪惡感地再次犯罪。因此也有研究結果顯示，心理病態的再犯率明顯比非心理病態來得高。尤其是心理病態檢核表中的「人際因素」和「情緒因素」分數偏高者，其再犯率也比較高。此外，即使被宣判死刑，也是一副事不關己的冷淡態度。

■ 一般犯罪
■ 暴力犯罪

（縱軸：再犯率，單位100、80、60、40、20、0；橫軸：非心理病態、心理病態）

出處：Hare et al.（2000）

終生不斷犯罪的 「終生持續型犯罪者」

美國犯罪學家莫菲特（Terrie Moffitt，1955～）將犯罪者分成兩種：「青少年期限定型犯罪者」（adolescence-limited offender）和「終生持續型犯罪者」（life-course-persistent offender）。青少年期限定型犯罪者指的是因年輕不懂事而犯罪的類型，等到心智成熟以後就不會再出現犯罪行為。但遺憾的是，有少數人在長大成人後仍會持續犯罪，也就是所謂的「終生持續型犯罪者」，很多心理病態犯罪者都屬於這個類型。

日本近年來犯罪者中的「再犯者率」有增加的趨勢，乍聽之下或許會以為治安惡化了，但再犯者率高只是代表犯罪者之中再犯人數占比較高。也就是說，是相對之下終生持續型犯罪者的比例增加。無論哪一個時代，都會存在一定數量的終生持續型犯罪者。當治安穩定，整體而言犯罪數呈現下降的趨勢，就代表終生持續型犯罪者的比例變高了。

青少年期限定型犯罪者與終生持續型犯罪者

此為美國犯罪學家莫菲特提出的兩種犯罪者類型。「限於青少年期犯罪者」指的是在青春期或青少年期犯下偷竊、傷害之類較輕罪行的人，但成年之後工作、結婚而成為正當社會人士安分守己地過生活。反之，「終生持續型犯罪者」是從小就表現出問題行為，隨著成長這些不良行為也與日俱增，且成年之後狀況依舊，經常與他人發生糾紛甚至犯罪。

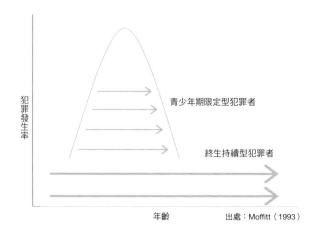

犯罪發生率

青少年期限定型犯罪者

終生持續型犯罪者

年齡　　　　　出處：Moffitt（1993）

犯罪件數有下降的趨勢

下為以日本警察廳的統計為基礎，關於刑事犯的認知件數、送檢人員（移送檢方的嫌犯人數）、送檢率（移送檢方的案件數比例）的狀態遷移圖。認知件數是指警察等搜查機關所知的犯罪發生件數，由圖可知近年的犯罪件數有減少的傾向。

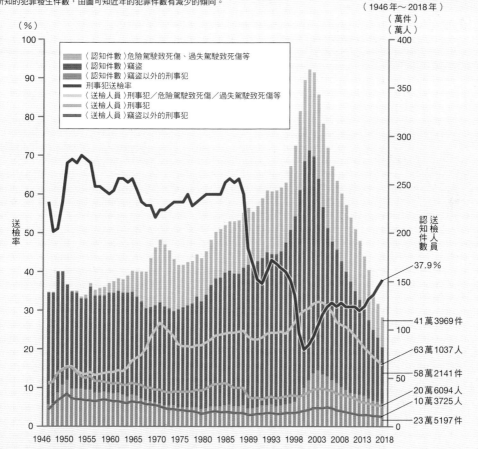

（1946年～2018年）

（萬件）
（萬人）

（%）

送檢率

認知件數　送檢人員

〈認知件數〉危險駕駛致死傷、過失駕駛致死傷等
〈認知件數〉竊盜
〈認知件數〉竊盜以外的刑事犯
刑事犯送檢率
〈送檢人員〉刑事犯／危險駕駛致死傷／過失駕駛致死傷等
〈送檢人員〉刑事犯
〈送檢人員〉竊盜以外的刑事犯

37.9%

41萬3969件

63萬1037人

58萬2141件

20萬6094人
10萬3725人

23萬5197件

註1：根據日本警察廳的統計資料。

2：1955年以前，未滿14歲之少年觸法行為也包含在內。

3：1965年以前的「刑事犯」不包括業務過失致死傷。

4：危險駕駛致死傷在2002～2014年期間是列為「刑事犯」，2015年後則被列入「危險駕駛致死傷／過失駕駛致死傷等」。

出處：日本法務省《令和元年版 犯罪白書》

疏
離
與
孤
獨

社會的疏離與孤獨也是再犯的原因

除了本人的理性思考和道德判斷以外，再犯還有其他的原因。

雖然最大的原因是貧困，但是「社會的疏離」和「孤獨」也有影響。

受刑人出獄之後再犯罪的導火線大多是來自社會的疏離。因為有前科而難以找到工作、經濟困頓，或是因入獄導致與家人、職場、學校的人際關係更加疏遠，這類案例也很常見。

若在社會上沒有密切的人際關係，就只能倚靠監獄裡認識的朋友或是以前一起做壞事的同伴，迫不得已再度犯案。為了預防再犯，出獄後必須提供充足的社會支持才行。

此外，老年人和女性重複犯下順手牽羊之類的輕微犯罪，可能也是社會疏離所致。

老年人的順手牽羊行為有的是因為貧困，有的則是明明不缺錢卻還是偷東西。背後的原因其實只是「想要有人理會」而已，這也顯示出老年人孤獨的嚴重程度。

再者，這類型的順手牽羊犯又以女性居多。因為覺得就算遭到斥責也好，還是渴望與社會有所連結，因此才犯下了罪刑。

犯罪者重複犯案的結構

即使出獄後打算重新站起來，但受到社會的疏離，找不到願意接納自己的住所和工作，只好跟以前的壞朋友或獄友繼續來往，最後又重回犯罪之路。也有從獄友身上學到犯罪的技巧，出獄後又犯案的例子。

疏
離
與
孤
獨

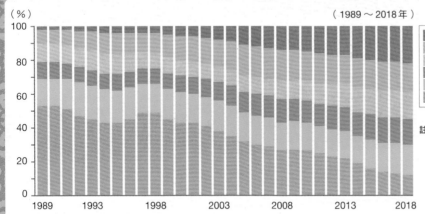

專欄 COLUMN 高齡犯罪者增加的原因

近年來的犯罪傾向是高齡犯罪案件的比例增加。圖為送檢人員的年齡層趨勢。由於少子高齡化，老年人不只占總人口的比例增加，占整體犯罪者的比例也很高。高齡犯罪者增加的原因之一是「貧困」，而監獄不僅供應三餐還可以洗澡，也有聊天的對象。監獄的生活比社會生活更令人感到舒適，所以故意犯下順手牽羊之類的行為，目的是想重回監獄。

（1989～2018年）

65歲以上
50～64歲
40～49歲
30～39歲
20～29歲
未滿20歲

註1：根據日本警察廳統計及警察廳交通局的資料製成。
2：以犯罪時的年齡為準。
3：2002～2014年期間危險駕駛致死傷也包含在內。

出處：日本法務省《令和元年版 犯罪白書》

推敲犯人形象的「犯罪剖繪」

「犯罪剖繪」（criminal profiling）是分析異常犯罪者形象的技術，通常稱為「側寫」。

以犯罪現場的狀況為基礎，一步步推敲犯人形象的剖繪方法稱為「FBI式」，目前仍是美國採用的搜查方法之一。

連續殺人犯可大致分成「有序型」和「無序型」（下表），但實際上卻未必能歸類為這兩種類型中的其中一種，也存在所謂的混合型。為此，由英國利物浦大學的康特（David Canter，1944～）等人組成的研究團隊，開發出以統計方式來分析犯罪行為的剖繪方法論，稱為「利物浦式」。

利物浦式是從大量與犯罪相關的資料中找出規則性，並將其繪製成空間地圖。再以該地圖為基礎區分出犯人的類型，逐步縮小搜查的範圍。

在殺害4名女童的宮崎勤事件等兇惡犯罪發生之後，日本警察也於1994年左右導入了利物浦式的剖繪方法。

以FBI式來區分的兩種犯人類型

美國FBI針對全國收監的合計36位連續殺人犯和性侵殺人犯（將犯行前無明顯性侵動機的被害者殺害的犯人）加以分析，結果發現犯人大致可分成「有序型」和「無序型」兩大類。

出處：《犯罪搜查心理學》（越智啟太著，晨星出版，2014年發行）

有序型	無序型
計畫性犯案	隨機性犯案
攻擊不認識的人	攻擊認識的人
會把被害者當人看	不把被害者當人看
有企圖地與被害者交談	不與被害者交談
犯罪現場整齊乾淨	犯罪現場凌亂骯髒
要求被害者服從	無預警地攻擊被害者
使用束縛道具	不使用束縛道具
殺害前先性侵被害者	殺害被害者後才性侵
藏匿屍體	不會藏匿屍體
現場不會留下凶器和證據	現場遺留凶器和證據
移動被害者的屍體	現場遺留被害者的屍體

在被害者身上留下咬痕

堵住嘴

弄傷臉部

使用現場
取得的凶器

帶走部分的屍體

掩蓋屍體

藏匿屍體

多次
襲擊

為屍體擺放姿勢

殺害後分屍

毀損屍體的胸部

帶走凶器

殺害前先
性侵被害者

去除內臟

傷害性器

性侵

針對
性器毀損

刀傷

多次性侵

毆打

過度毀傷

切斷屍體的頭部

割開屍體
的腹部

散落隨身物品

割喉

散落衣物

使用手槍

在被害者家中
到處探索

燒屍

利物浦式犯罪剖繪的範例

利用利物浦式針對連續殺人事件的資料進行統計分析，再以空
間地圖呈現結果。越鄰近的點代表同一個犯人容易在同時間內
進行的行為，越遠離的點代表同一個犯人難以在同時間內進行
的行為。此外，越往內圈的行為是大多數犯人容易出現的行
為，越往外圈的則是少數犯人的行為。

出處：《以案例學習犯罪心理》（越智啟太著，北大陸書房，2013年發行）

犯罪者的監護輔導

修正犯罪者的「認知扭曲」

光靠刑罰難以達到預防再犯的目標。

因為在某些犯罪案例中,除非改變加害者本人的認知扭曲或生存方式,否則無法從根本解決問題。

為此,日本的監獄從2006年起,開始對入獄的受刑人進行特別監護輔導。

例如對性犯罪者實施心理衡鑑[※],區分出再犯高危險群及低危險群,再根據風險程度進行相應的監護輔導。

在治療方面則是針對迴避會助長犯罪誘因的刺激和能轉移注意力的事物,找出應對的方法並予以實踐。此外,認知的修正也是很重要的輔導項目。比方說性犯罪者以為「對方也喜歡被性騷擾的感覺」,藥物成癮者認為「毒品可以讓人忘記不愉快的事」,這些「認知扭曲」都必須逐一修正才行。

※心理衡鑑(psychological assessment):以客觀的方法進行評量和鑑定。

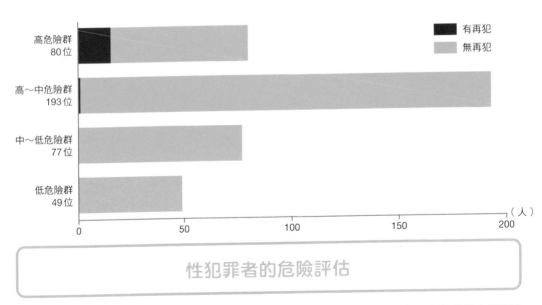

性犯罪者的危險評估

圖為使用預估再犯危險的「靜態因素九九評估表」(Static-99),從過去性犯罪者的資料中針對性騷擾、偷拍等性犯罪而被逮捕的399人所實施的結果。根據後續追蹤可知,分類為再犯高危險群的人占再犯者的94%。靜態因素九九評估表的準確度很高,約為80%。

出處:北條、原田、野村等人(2015)

性犯罪者在矯正機構的治療課程概要

下方是監獄防止性犯罪者再犯的課程流程圖。首先，將上課對象從高危險到低危險分成3個等級，再依危險程度授以相符密度的治療課程（危險程度由高至低依序為密度A、B、C）。以危險程度來區分上課的對象，是因為低危險群的人若接受高密度課程，反而會有增加再犯率的反效果。

出處：日本法務省（2005）

課程結構

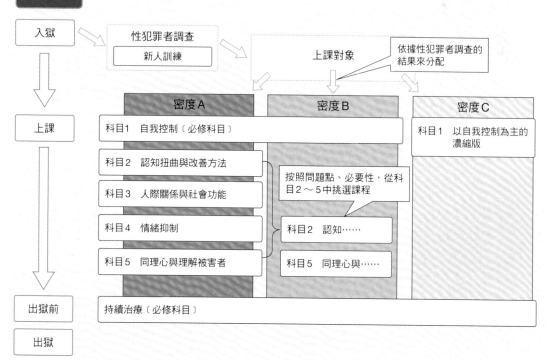

犯罪被害者的心理

犯罪被害者的心路歷程與面對死亡的心理極為類似。美國精神科醫師庫伯勒-羅斯（Elisabeth Kubler-Ross，1926～2004）在其著作《論死亡與臨終》（*On Death and Dying*）中提出面對死亡的哀傷五階段（The five stages of grief）：「否認」（denial）→「憤怒」（anger）→「協商」（bargaining）→「沮喪」（depression）→「接受」（acceptance）。而犯罪被害者的心理也會歷經相似的階段，但順序可能稍有不同，例如「否認」→「憤怒」→「協商」→「接受」或是「否認」→「憤怒」→「沮喪」→「接受」（右圖）。

但實際上，幾乎所有的被害者都會在「否認」的階段停滯不前，長時間處於原地踏步的狀態。這是因為很多人會產生PTSD（創傷後壓力疾患，第197頁），一旦回想起創傷事件就會感到恐懼和焦慮。為了改善PTSD、邁向最終的接受階段，長期的心理健康照護是不可或缺的一環。

犯罪被害者的心理照護難度

一般認為犯罪被害者的PTSD治療是最困難的，因為被人傷害過而大多難以與諮商師建立正常的信賴關係。可能會過度依賴諮商師，或是不信任對方而保持距離。此外，因警方的調查而不得不回想起事發當時的情景，有時也會導致PTSD惡化。尤其是性犯罪的被害者，可能會因為警方的調查而造成當事人二度傷害。

犯罪被害者的心理變遷

此為犯罪被害者的心理過程示意圖。犯罪被害者的心理和庫伯勒-羅斯提出的「哀傷五階段」有相似的歷程。不過，這和從被宣告死期到接受為止的過程有些許不同，在「憤怒」之後可能是「沮喪」或「協商」的階段。但無論是「沮喪」還是「協商」，最後都會走向「接受」的階段。

否認

當自己或是家人遭遇犯罪，最初會處於茫然不知所措的狀態，並認為「不會吧？這應該是一場夢」，試圖否定現實。

憤怒

接著開始生氣，心想為什麼是我？太不公平了。

沮喪

陷入憂鬱的狀態，被死心、空虛、絕望等情緒影響。

協商

為了平息怒氣所以主動出擊，例如打官司、協助警方搜查，避免再次發生同樣的事件。

接受

經過10～20年後，隨著時間流逝，終於接受自己是被害者的事實。

8

心理支持

Psychological support

處理心理健康問題的「臨床心理學」

人心不一定總是處於健康的狀態,有時也會煩惱、情緒低落或感到恐懼。這些情緒如果太嚴重,可能會難以維持正常的生活。所謂「臨床心理學」,就是對人心給予心理支持。

以日本為例,負責心理支持的人有公認心理師、臨床心理士等專業人員(詳見第44頁)。他們會與個案當事人(案主)實際交談,針對問題進行分析並進行適當的治療。

配屬最多公認心理師和臨床心理士的場所是醫療保健領域,占了整體的4成左右。次多的是學校和教育諮詢中心等教育領域,小學、國中、高中都會配置學校諮商師(類似台灣的心理輔導老師)。當校園內發生霸凌、不當行為、拒絕上學、發展障礙、課堂崩壞(classroom collapse)等問題時,學校諮商師會給予學生本人和監護人心理上的協助,同時也向教師提供建議和心理支持。

本章將探討臨床心理學的心理支持和常見的心理疾患。

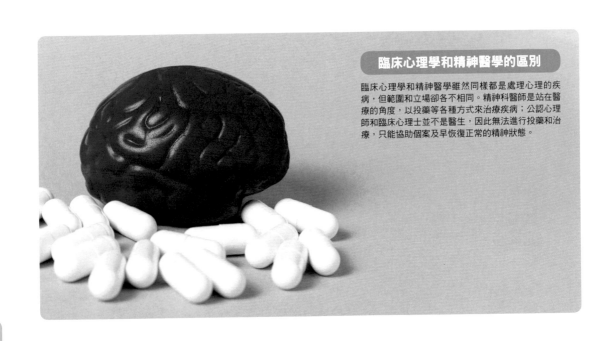

臨床心理學和精神醫學的區別

臨床心理學和精神醫學雖然同樣都是處理心理的疾病,但範圍和立場卻各不相同。精神科醫師是站在醫療的角度,以投藥等各種方式來治療疾病;公認心理師和臨床心理士並不是醫生,因此無法進行投藥和治療,只能協助個案及早恢復正常的精神狀態。

找出心理的問題並進行諮商

在臨床心理的現場，會對個案進行心理檢查之類的心理衡鑑，找出究竟是哪裡出了問題。然後再透過心理諮商（晤談），協助個案恢復原來的精神狀態。

心理衡鑑

分析個案面臨的問題，確立支持方針。

心理諮商
（晤談）

根據個案面臨的問題進行各種治療，協助其恢復心理的健康。

心理治療的發展大致分成三個世代

心理治療始於佛洛伊德的「精神分析」，後來又陸續開發出各式各樣的技巧，如今已多達數百種。

心理治療的發展如右頁所示可以分成三個世代。第一世代的「行為治療」（第184頁）是以第24頁所介紹的「行為主義」為基礎，而完形治療（下圖）也是這個時期的產物。

1950年代以前的心理治療，是由諮商師與個案（案主）面對面進行勸導或給予建議。而美國心理學家羅傑斯（Carl Rogers，1902～1987）則認為不應該直接干預，並提出著重傾聽個案自述的「非指導性治療」（nondirective therapy），後來統稱為「當事人中心治療法」（client-centered therapy，第188頁）。

1970年代以後，行為治療逐漸發展出認知治療、認知行為治療（第184頁）。到了1990年代，又誕生出以冥想和瑜珈為基礎的正念治療等等。

完形治療

完形治療是1950年代由美國精神科醫師波爾斯（Frederick Perls，1893～1970）及其夫人（Laura Perls，1905～1990）所創立。完形治療不從過去找尋原因，而是透過個案談論「此時此地」感受到了什麼，來達到自我察覺的目的。

下方是第26頁中介紹過的「魯賓花瓶」。視線的焦點會改變圖像的形狀，可能是看到如左圖般以左右為背景的花瓶，或是如右圖般以中央為背景的側臉，亦即所謂的「圖地反轉」。

在完形治療中，是將個案意識到的慾求或問題視為「圖」、其背景視為「地」。當兩個慾求相互競爭時，潛藏的慾求會變成「地」並被趕出意識。若心理健康，圖和地就可以流暢地進行反轉。不過當兩者相互競爭而無法釐清自己的慾求時，則可藉由「空椅法」、「夢工作」、「角色扮演」等技巧來自我察覺，逐步解決問題。

以左右為背景，即可看到花瓶（圖）。

以中央為背景，即可看到側臉（圖）。

心理治療的發展

第一世代是以「行為治療」、第二世代是以「認知治療」、第三世代是以「正念治療」作為主要心理治療方法。圖只列出幾種代表性治療方法，但實際上還有很多。

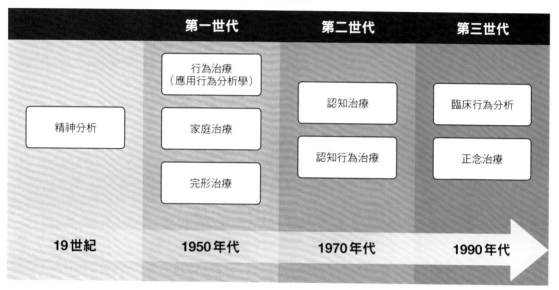

心理治療的歷史

各式各樣的技巧

心理治療已開發出多種技巧，總量有數百種以上，此處列舉的是較廣為人知的幾種。

催眠治療

源自德國醫師梅斯梅爾（Franz Mesmer，1734～1815）。讓人身心放鬆，使其處於潛意識占主導地位的精神狀態，在催眠狀態下進行的心理治療。

EMDR

美國的夏皮羅博士（Francine Shapiro，1948～2019）於1989年發表的「眼動減敏與歷程更新治療」。讓個案依節奏左右移動眼球，藉此將過去的負面經驗轉變為可調適的學習經驗。

遊戲治療

由安娜・佛洛伊德（Anna Freud，1895～1982）、克萊恩（Melanie Klein，1882～1960）等人所創立，是一種以遊戲為媒介的心理治療，常用於自我表達能力尚未成熟的幼兒。

溝通分析

由美國精神科醫師伯恩（Eric Berne，1910～1970）提出。藉由分析自己與他人的溝通互動（人際關係），加深對自己的理解、改善或促進人際關係。

會心團體

由羅傑斯創立的一種團體心理治療。與一群不認識的人待上幾個小時（～幾天），透過聊天或討論問題來促進彼此的溝通，並助長個人的心理成長。

音樂治療

以心理學家赫姆霍茲（Hermann von Helmholtz，1821～1894）和司坦普（Carl Stumpf，1848～1936）等人的研究為基礎，創立於19世紀後半期。利用音樂讓身心平靜的治療方法。

認知行為治療

改變「惰性」思維的「認知行為治療」

早期的行為治療是以連結心理和行為的「古典制約」、「操作制約」為基礎開發出來的。

以被狗咬過而患有恐犬症的人為例，狗咬人的場景與恐懼的情緒（反應）已經產生了連結。

在行為治療中，會讓個案在完全放鬆的狀態下想像狗的模樣（暴露在恐懼情境）。接著從恐懼程度較低的階層逐漸往上升，使其慢慢習慣焦慮恐懼的情緒（下圖）。習慣之後，焦慮恐懼的情緒就會降低。

之後開發出來的認知治療，則是藉由修正認知來改善個案的問題和症狀（右圖）。但其實在行為治療中也常會進行認知修正，因此這些治療方法皆可稱為「認知行為治療」（cognitive behavioral therapy）。

行為治療範例

為了消除「怕狗」問題的範例。採用的方法叫做「系統減敏感法」（systematic desensitization），是種行為治療。首先請個案將感到「恐懼」的刺激（在此範例中為狗）列舉出來，並製成階層表。從最低階（焦慮程度較低）開始想像，習慣之後焦慮的情緒就會逐漸縮小。人在覺得焦慮恐懼的同時，無法感受到相反狀態的情緒，因此為了營造出相反狀態，會讓個案在放鬆狀態下想像令其恐懼的「狗」，藉此緩解害怕的感覺。

焦慮階層表的範例

（0分：處於放鬆狀態，100分：感到強烈的焦慮恐懼）

分數	內容
100分	將狗抱在懷裡
60分	撫摸狗的頭
40分	觸碰狗的任一個部位
20分	想像觸碰狗的任一個部位
0分	想像狗的模樣

認知治療的範例

認知治療簡單來說就是一種「改變惰性思維」的方法。例如即便被上司稱讚，憂鬱症患者也可能會有「如果不完美就沒有意義」、「我不值得被誇獎」之類的想法，反而陷入沮喪的情緒中。在認知治療中，會透過面對面交談來協助個案察覺自己有這樣的思考惰性。

事件	認知	心情

被上司稱讚 ➡

若沒有做到十全十美，就不值得誇獎

沮喪

➡ **改變認知**

既然得到了別人的稱讚，就認同自己的努力吧

充滿幹勁

10種典型的認知扭曲

認知治療的創始人是美國精神科醫師貝克（Aaron Beck，1921～2021），他的學生伯恩斯（David Burns，1942～）將認知扭曲分成了10種類型（下圖）。

人會透過五感獲得各式各樣的資訊，以此為基礎來判斷事物（認知），並根據判斷或理解的方式產失情緒（反應）。可是一旦受到認知扭曲的影響，思維模式就容易變得極端，進而感到莫大的壓力。

這種認知扭曲有時可以藉由蒐集更多的必要資訊來消除。舉例來說，看到工作早早結束要下班的同事，心想「只有自己被塞了一堆工作」而深感壓力。這是光從「同事早早下班」的有限資訊，一時之間做出了「只有

認知扭曲的 10 種類型

黑白思考

即使面對資訊不足而無法判斷的事物，也會因為不能忍受模稜兩可的狀態，而做出非黑即白的極端思考。

過度類化

把偶爾發生的單一事件類推到各種情境中，或者是將個人經驗運用在一般的規則上。例如：只因為對方沒有以微笑待客，就認定「那個人的個性很糟糕」。

負面思考

就算是好事，也會往壞的方向思考。比方說被別人誇獎「唱歌很好聽」卻覺得「對方只是在說客套話」、「像我這樣的人到處都是」，抱持著負面的看法。

妄下定論

例如妄自推斷他人的想法，認為「對方一定討厭我」，或是沒有根據卻片面斷定「自己一輩子都不會幸福」等等。

其實你不覺得
自己有錯吧？

標籤化

「標籤」原本指的是「商品名稱」。人本來就有很多面向，但卻只憑一個面向就給自己貼上「我就是這種人（所以才會一事無成）」的標籤。

自己要加班」的錯誤判斷所致。

　然而，說不定那位同事是因為身體不舒服，或是為了當天能早點返家所以前一天加班到很晚。

　如果能蒐集到完整的資訊，而不是只接收主觀的訊息，就能從多方角度重新判斷，並減輕無謂的壓力。

心理過濾

關注事物的消極面而忽視了積極面。例如跟朋友去遊樂園玩，儘管也有開心的事，卻一味地糾結在「那個設施排了好久」、「那個餐點不好吃」這類負面情緒。也稱為「選擇性摘錄」（selective abstraction）。

誇大或淡化

誇大不好的事情，看得很嚴重；淡化好的事情，覺得「沒什麼大不了」。比方說工作上出了錯會過度地責難自己，覺得「我太糟糕了」；但如果今天錯的是別人就會認為「這一點錯沒什麼關係的」。

情緒性推論

依自己的情緒來斷定事情，例如「我覺得很開心，對方應該也很開心」、「我討厭這個，對方一定也不喜歡」。

「應該」思考

例如「整理工作尚未完成的時候，就會被「我應該要～」、「我一定要～」之類的想法給牽制住。

個人化

連不是自己的責任都會覺得「這都是我的錯」。

如果那時這麼做就好了

做什麼事都不順

我真糟糕

我被討厭了

不進行指示或勸說的「當事人中心治療法」

當事人中心治療法的目的並不是讓症狀消失,而是要修正個案自我認知上的扭曲。

自我認知扭曲是指自我評價(自我概念)與實際經驗(經驗自我)不一致。當兩者之間的偏差過大,就會形成心理壓力。

舉例來說,認為「自己優秀」的人進不了想念的學校或公司,或是得不到自己期望的評價,當自我概念與經驗不一致時,壓力便隨之而來。

當事人中心治療法是透過諮商等方式,讓個案在不高估或低估自己的狀態下察覺真實的自我。因為只有自己才能治癒自己的心理問題。

因此,諮商師在面對個案時不會給予過多的指謫和解釋,而是接納對方的原始情緒,逐漸理解而感同身受。

諮商師的基本態度

諮商師必須完全接納個案的情緒和行為並且不去評價好壞(無條件地積極關注),以客觀的態度回應對方的經驗及其內在世界(同理心),以表裡如一的真誠態度(一致性)協助個案處理問題。

無條件地正向關懷	同理心	自我一致(共識性)
無條件地接受個案的想法或行為,不做任何批判、評價等價值判斷。	諮商師在面對個案的陳述內容時,不可以帶有個人的價值觀,而是要給予「原來你是這樣想的啊」之類的客觀回應。	諮商師必須以自己的真實面貌去面對個案,不可掩飾或是表裡不一。

協助個案自己解決問題

諮商師在過程中提供陪伴，並協助個案接納真正的自己。若以
圖來表示，即自我概念和經驗自我的一致領域越大，則心理越
健康。

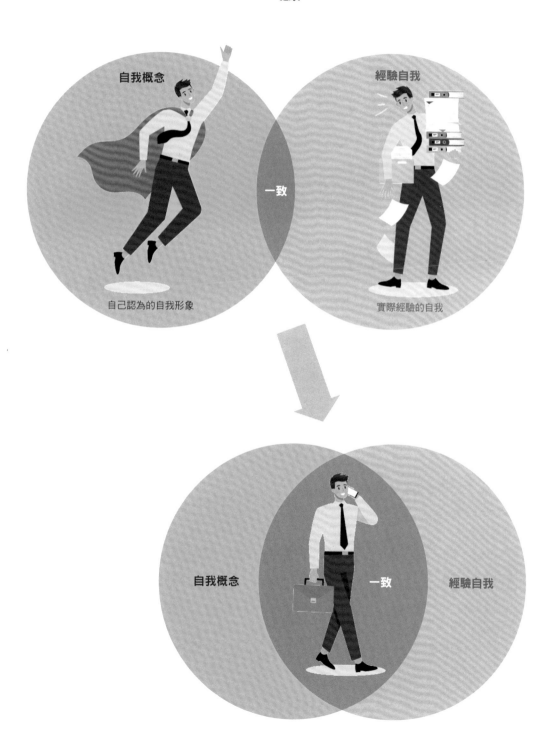

「正念」就是將意識集中到「當下」的身體狀態

「正念」（mindfulness）是將瑜珈、冥想、禪修之中的宗教元素加以排除之後的減壓方法。將注意力集中在自己的呼吸、肌肉收縮或當下的感受，藉此讓心歸位或重設。

一直反覆回想過去的悔恨或對未來的焦慮，因此感受到壓力的思考方式叫做「反芻思考」（rumination）。一旦陷入負面思考的循環，就會影響對於其他事情的看法。

反芻思考一旦發生，腦內的「預設模式網路」（default mode network）就會處於活躍的狀態（下圖）。預設模式網路是一種以腦部特定部位的神經細胞為中心，在沒有意識時也會運作的腦部活動。人在放空時腦中的思緒依然不斷，就是預設模式網路處於活躍狀態的緣故。若在此時想到負面的事情，就會掉入反芻思考當中。

停止反芻思考的有效方法就是正念，亦即將意識集中到自己當下的身體狀態。

負面思考的循環

經常回想起壓力來源事件的人，腦內的「預設模式網路」會處於活躍的狀態。預設模式網路是以內側前額葉皮質和後扣帶回皮質為核心，並延伸到整個腦部。

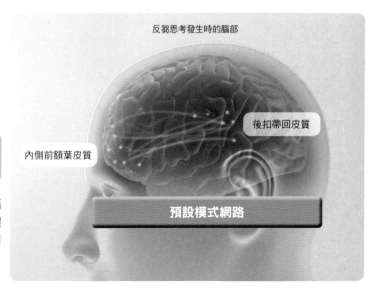

反芻思考發生時的腦部

後扣帶回皮質

內側前額葉皮質

預設模式網路

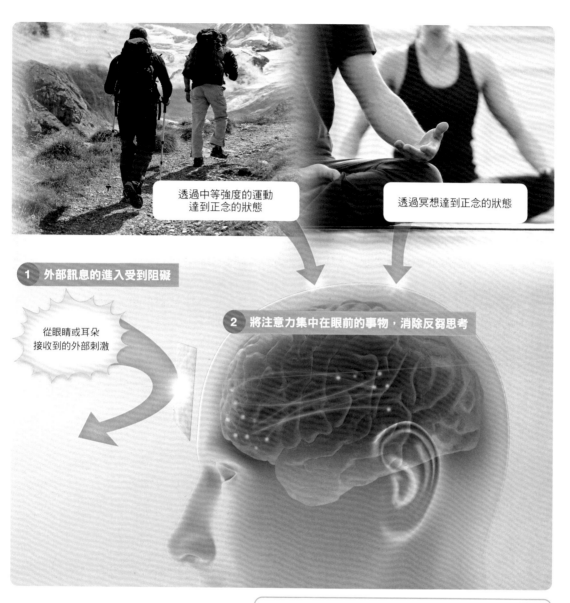

透過中等強度的運動
達到正念的狀態

透過冥想達到正念的狀態

1　外部訊息的進入受到阻礙

從眼睛或耳朵
接收到的外部刺激

2　將注意力集中在眼前的事物，消除反芻思考

重設人腦以切斷負面思考

一旦陷入負面思考的循環，便無法思考其他的事情，無法正確地認知從眼睛或耳朵接收到的訊息。正念就如①②般，是將意識集中在當下的身體狀態或眼前的事物，藉此讓腦部脫離反芻思考的狀態。像是登山這類「將意識放在周遭變化的運動」，或是室內五人制足球等「必須集中注意力的運動」，都能獲得與正念相同的效果。

依照擷取的方式，所有事件都可能是「壓力」

以研究壓力聞名的生理學家塞利（Hans Selye，1907～1982）對大鼠施以電擊、關進狹窄的場所，結果發現大鼠都出現「胃腸不適」等共同症狀。塞利將這些引發共同症狀的物理性和精神性刺激稱為「壓力源」，將身體產生的各種症狀稱為「壓力反應」。諸如經常聽到的「因為壓力大造成肩頸僵硬」等說法，其實平常使用的壓力一詞就包含了「壓力源」和「壓力反應」兩種含意。

每個人觸發壓力的原因都不一樣（下表）。再者，即便受到相同的刺激，對於壓力的感受也會因人而異。壓力的來源不見得都是負面事件，有時結婚或休假等看似正面的事件也會讓人感到有壓力。

此外，當事者的記憶會大幅左右對壓力的感受方式。舉例來說，有人在考期將近時就覺得有壓力，這是知道準備考試很辛苦的緣故。每當發生可能成為壓力原因的事件，我們就會從記憶中潛意識地判斷該壓力的強弱程度。

日常生活中的壓力原因與壓力強度

事件	壓力強度	事件	壓力強度
配偶死亡	100	子女離家	29
離婚	73	與親成發生衝突	29
分居	65	個人有傑出的成就	28
入獄	63	配偶開始或停止工作	26
近親離世	63	入學或畢業	26
個人受傷或生病	53	生活狀況改變	25
結婚	50	個人習慣的調整	24
被解雇	47	與上司不合	23
夫婦和解（調解）	45	工作時間或職場環境改變	20
退休	45	搬家	20
家人健康出現變化	44	轉學	20
懷孕	40	休閒習慣改變	19
性方面的問題	39	宗教活動改變	19
家庭成員增加	39	社交活動改變	18
企業改革	39	1萬美元以下的抵押或小額貸款	17
經濟狀況改變	38	睡眠習慣改變	16
好友死亡	37	家人團聚次數改變	15
換不同領域的工作	36	飲食習慣改變	15
與配偶爭執的次數改變	35	度假	13
抵押或貸款超過1萬美元	31	聖誕節	12
抵押品贖回權被取消或貸款遭拒	30	輕微違法	11
工作職責的改變	29		

美國社會心理學家霍爾姆斯（Thomas Holmes）和拉赫（Richard Rahe）調查日常生活心理壓力原因（壓力源）後製成的量表。

出處：Holmes TH, Rahe RH (1967), "The Social Readjustment Rating Scale". J Psychosom Res. 11 (2)：213-8

充滿自信的人

焦慮不安的人

隱藏在潛意識裡的壓力成因

以大學入學或求職時的面試場合為例,每個人都得按照順序在門外等候。有的人自信滿滿地準備好接受挑戰,有的人則是感到焦慮、怕自己無法對答流暢。在這樣的狀況中感受到強烈壓力的人,是因為從過去的經驗中潛意識地認為「面試是一件困難的事」。若要改變這個先入為主的觀念,就必須在反覆的面試過程中累積好的經驗,或是在能夠放鬆的環境下練習面試。

每10～15人就有1人發病的「憂鬱症」

憂鬱症算是精神疾病當中較常見的病症，每10～15人中就有1人發病。

憂鬱症是情緒障礙的一種。確切的發病原因目前仍不清楚，大多與精神上、生理上的壓力有關。不過，導火線不一定都來自痛苦的經歷，結婚、升學等正向事件也可能成為發病的原因。

如果罹患憂鬱症，就會情緒低落、內心充滿悲傷，甚至萌生罪惡感、自卑、絕望、對未來感到悲觀、想自殺等負面思考。做任何事都提不起勁，對任何事也都不感興趣。憂鬱症最常採用的治療方法是認知行為治療，近年也會運用正念等概念作為治療方法。

兒童的憂鬱

有時會因為被霸凌、學校生活不快樂，演變成繭居在家或拒絕上學。另外，因過度升學競爭造成的「身心俱疲症候群」也是憂鬱症的發病原因之一。

女性的憂鬱

結婚、懷孕、生產等看似幸福洋溢的環境變化，有時也會因為家事、婆媳或姑嫂不合等家庭問題造成長期壓力，進而引發憂鬱症。再者，經歷了對身體造成巨大負荷的生產過程，再加上在育兒方面承擔過多責任，也有可能導致出現憂鬱症（產後憂鬱）。也有人是在工作、家事兩方面都力求盡善盡美，因過度努力而引發憂鬱症。

精神會出現的症狀範例

心情持續悶悶不樂,對任何事都沒有興趣也不關心。此外,會因為抱持著悲哀感、自卑感、罪惡感,或思考力、專注力、決斷力、判斷力降低,導致日常生活大受影響。

身體會出現的症狀範例

會出現食慾低下(或食慾亢進)、失眠(或多眠)、頭痛、肩頸僵硬、腰痛、腹痛、便祕、嘔吐、心悸、暈眩、全身倦怠感等症狀,容易感到疲累。

與憂鬱症發病有關的各種誘因

不只中壯年族群,兒童、老年人也會出現憂鬱的症狀,在不同人生階段發生的各種事情都有可能成為憂鬱症發病的原因。

老年期的憂鬱

退休、配偶生病或死亡,也有可能導致憂鬱症的發病。另外,因孩子離家獨立而造成自己頓失生存的意義,也是憂鬱症發病的誘因之一。已知失智症和腦中風也與憂鬱症的發病有關。

壯年期的憂鬱

不只是裁員或求職、轉職失敗的環境變化,連升遷這般看似積極正面的環境變化,也會因為無法適應工作內容或人際關係的改變而引發憂鬱症。

造成焦慮恐懼的心病

造成異常焦慮或恐懼的心理疾病

伴隨著焦慮或恐懼情緒的心理疾病有很多種（如圖），例如：突然出現呼吸困難、暈眩等症狀的「恐慌症」（panic disorder）；自己也覺得不對勁卻持續重複洗手的「強迫症」（obsessive-compulsive disorder）。

關於焦慮症和強迫症的心理治療，除了第184頁介紹的「系統減敏感法」之外，目前還有一個常用的主要療法稱為「森田療法」，由日本精神科醫師森田正馬（1874～1938）於1919年所創立。

罹患焦慮症或強迫症的人容易將注意力放在自己所產生的焦慮或恐懼上。不過森田療法是先將焦慮、恐懼的情緒擱置一旁，請患者在不勉強自己的前提下去嘗試原本覺得做不到的日常工作或行為，藉此把自己的注意力和關心從內在轉向外在。因為若是以消除焦慮和恐懼為目的，反而會讓注意力聚焦在此，造成反效果。

恐慌症

出現原因不明的呼吸困難或心悸

恐慌症會突然出現心悸、暈眩、出汗、窒息感、嘔吐、手腳顫抖等症狀。發作時的焦慮會令患者覺得自己好像快要死掉般痛苦。症狀持續約20～30分鐘便止息，但是患者會因為擔心不知何時將再度發作而深感焦慮。恐慌症其實並不少見，每1000人中有6～9人一輩子會發作過一次。

強迫症

因強烈的焦慮或莫名的堅持影響到生活

強迫症是連自己也覺得不對勁，但為了消除引發焦慮的強迫性想法，所以持續重複同樣行為的疾病。像是因擔心不乾淨而不停洗手的「強迫清洗」、得再三確認門有沒有鎖好才能安心的「強迫檢查」等。要是患者被禁止做這些行為，就會感到強烈的焦慮。強迫症又分為無法克制重複出現某種觀念的「強迫觀念」，以及頻繁地重複做某件事情的「強迫行為」。

造成焦慮或恐懼的疾病

此處所列舉只是較為人所知的心理疾病,其他還有很多。

畏懼症

對特定事物感到恐懼

特定畏懼症是指對特定事物感到異常恐懼,連稍微靠近都不敢。特定畏懼症有很多種,例如:對無法馬上逃離或求助的人群、電梯、交通工具、廣場等感到畏懼並試圖避開的「特定場所畏懼症」(廣場畏懼症);很怕面對他人的注視和評價,害怕當眾出糗的「社交畏懼症」;對別人的視線心存恐懼的「視線畏懼症」等。

PTSD

出現原因不明的呼吸困難或心悸

PTSD(Post Traumatic Stress Disorder,創傷後壓力疾患)是在戰爭、災害、事故後面對創傷情境時所顯現的心理症狀。患者會在閃回現象(瞬間重歷其境)或夢境中反覆體驗事件的過程,導致情緒變得麻木,或是遇到會喚起創傷回憶的情況時引發恐懼或恐慌症。

保持精神穩定的「防衛機制」

潛抑

將痛苦的記憶或情緒排除在意識之外。可是有時潛抑的內容會反應在夢境或症狀上。

隔離

將難以承受的情緒或慾求從意識中隔離，主動迴避這些不想面對的情緒。例如寵物過世時將悲傷的情緒隔離起來，只淡漠地陳述死亡的事實。

反向作用

潛意識中表現出與自己真實情緒或願望相反的言行舉止。例如對抱有敵意的對方表達善意，不忌妒奪走父母關愛的弟弟妹妹反而悉心照顧。

退化

弟弟妹妹出生後，哥哥姊姊出現「過度幼稚」的行為也屬於這種。即使是成人也會出現退化的行為，例如心理受傷或生病時，行為會退回早期較不成熟的階段。

投射

將自己心中「無法接受的情緒」或「不想看到的缺點」投射到他人身上，假借他人的狀態。例如對自己的缺點視而不見，卻批評別人的不是。

替代

將失望的情緒以其他形式來發洩、滿足。例如另一半外遇時，有時會將怒氣發洩在外遇對象身上而非伴侶，也就是把欲發洩的情緒替代成「較不具威脅性的對象」。

「**防**衛機制」簡單來說就是「避免內心受傷的機制」。

最初是佛洛伊德所提出的概念，後來才由精神分析家們整合成一個理論。

佛洛伊德認為人的心理可以分成超我、自我、本我三個層面（第34頁）。當本我的慾求與自我發生衝突，內心就會變得不安定，為了精神穩定就出現的各種心理作用，稱為防衛機制。以下列舉的是幾種代表性的防衛機制。

認同

模仿自己崇拜尊敬的對象，相信自己是那一個人。比方說徹底模仿偶像的行為，或是領袖人物的外表形象、思考方式等。

否認

亦即「徹底地忽視」，拒絕接受現實，就當作什麼事也沒發生過。例如比賽輸了，卻不願意承認這個事實。

理智化

將情緒或慾望替換成思考、觀念、知識來加以控制，讓自己處於「理性思考」的狀態。例如被告知罹患重症的病人會以「治癒率有多少％」這類不帶情緒的字眼來描述現狀。

昇華

將現實中無法實現的慾望或者是衝動以運動、藝術等社會可以接受的方式來表達。

昇華成運動

想要攻擊別人

合理化

當得不到想要的東西，就用一個自己能釋懷的理由當藉口。伊索寓言中的「酸葡萄」故事（狐狸因為葡萄長太高吃不到，便說「葡萄是酸的」）就是其中一例。

投射性認同

把自己的願望投射到別人身上，彷彿別人能實現自己的願望般。例如把別人的成就看作是自己的成就，並同感喜悅。

心理病態

亦作精神病態。「psycho」是源自心理學的英文psychology，「path」在希臘文中則有「痛苦、苦惱」之意。一般將心理病態當成反社會型人格疾患，社會病態（sociopath）也是其中一種。兩者都具有不會為他人著想，以自我為中心的面向，但相異之處在於社會病態多由家庭環境等後天因素所造成。

艾瑞克森

1902年生於德國。母親是猶太裔丹麥人，在艾瑞克森三歲時與小兒科醫師再婚。這樣的出身背景使得艾瑞克森在德國人和猶太人的社區都受到歧視，對他的思想形成產生極大影響。艾瑞克森原本夢想成為一名畫家，但在四處流浪後改跟隨佛洛伊德的女兒暨兒童心理學家安娜學習。1933年為躲避納粹的迫害而前往美國。後來根據自身的經驗及臨床體驗，提出無容身之處的「邊緣人」（marginal man）概念，確立了自我認定的理論。

西周

日本江戶後期至明治時期的啟蒙思想家。出身於石見國（現屬島根縣），父親為醫生。曾擔任德川慶喜將軍的顧問，在大政奉還時對幕府提出三權分立、議會制度等改革案。明治維新後與森有禮等人結成明六社，致力於推動啟蒙運動。

佛洛伊德

精神分析學的創始人，對後來的精神醫學有很大的影響。1856年出生於奧地利的弗萊堡（今屬捷克），父親是猶太人，為8個孩子中的長男。4歲與家人移居至維也納，進入維也納大學醫學部學習生理學、神經病理學。由於經濟因素放棄了學術之路，成為一名醫師。之後獲得獎學金前往巴黎留學，師承採用催眠治療的夏爾科醫師，並參與了精神官能症的治療。回國後自己開業，並提出了精神分析理論。1938年在納粹占領維也納之際逃亡至倫敦，最後在倫敦過世。著有《夢的解析》、《精神分析入門》等書，女兒安娜後來也成為兒童心理學家。

似動現象

看起來好像在動但實際上並沒有的現象。舉個切身的例子來說，平交道上交替閃爍的警示燈號看起來像是燈光在跑動般。而電影和動畫一張張看似連續的畫面，也是視覺上的似動現象。魏泰默爾曾以兩個光點交替閃爍的裝置進行實驗，想知道若改變閃爍的間隔時間看起來會有何不同。

角色扮演

完形治療的一種。透過扮演現實中不可能發生的他人，或是對自己而言很重要的人，試著站在他人的角度來思考並找到解決問題的方法。

空椅法

完形治療的一種。準備兩張椅子，自己坐在其中一張，然後去想像另一張椅子坐著自己想要理解的人（或是自己無法理解的人）。首先對著腦海中想像的對方表達自己的想法和情緒，接著反過來假裝自己是對方，說出對自己的意見和看法。利用一人分飾兩角變換立場進行對話，即可了解對方是如何看待自己的。

阿德勒

奧地利精神科醫師暨心理學家。1870年出生於維也納郊外的猶太家庭，是6個孩子中的次男，有位大兩歲的哥哥。阿德勒小時候身體屢弱，老是拿來跟哥哥比較，間接影響到日後所提出的「自卑情結」理論。1902年在佛洛伊德的邀請下加入團隊一起研究，但後來與佛洛伊德的看法分歧，最終關係破裂。第一次世界大戰期間以軍醫身分受徵召，治療過許多歇斯底里患者，而提出「社區情誼」（community feeling）的重要性。著有《被討厭的勇氣》等書。

促發

腦海中思考的內容，在潛意識中被眼前聽到或看到的話語及照片影響。除了第56頁的誤讀例子之外，像是「看到夏天的照片就突然想吃西瓜」也是一種促發效應。此為言語和概念容易互相刺激所造成的影響。

突觸

神經元（神經細胞）和神經元的相接處，神經元之間就是透過突觸來傳遞訊息（突觸傳遞）。突觸的大小會影響訊息傳遞速度的快慢。

家庭治療

1950年代起源於歐美，日本也從1970年代開始盛行。心理治療大多是以個人為對象，但家庭治療認為症狀和問題會受到家庭成員之間的關係影響，因此將家庭視為一個單位。家庭治療有各種技巧和方法，對象並不只侷限於家庭，也適用於學校或企業單位。

恐慌症

身體毫無異常，卻突然出現呼吸困難的疾病。就如同人在面對災害或恐怖攻擊等危急狀況時恐慌發作般，會出現心悸、臉色蒼白等症狀。這些反應都是身體在危急時刻為求生存的自我防禦機制，可是該機制一旦在非緊急情況下開啟，則可能引發恐慌發作。雖不至於危及性命，但「杞人憂天」的莫名焦慮和恐懼感會讓身體產生反應。只要曾經發作過一次，就容易陷入恐慌「復發」的憂慮，並試圖避開之前引起恐慌發作的地方。

神奇數字7

美國認知心理學家米勒所提出的「短期記憶」容量。他發現人類一次能夠掌握並記住的訊息量約為7（±2）個單位。

情結

原文complex有合成、複合體之意，在心理學中則是指由感情、認知、願望、思考等結合而成的複雜概念。提到「情結」，多數人會聯想到自卑情結，但其實還有戀母情結、蘿莉塔情結等各種名稱，只不過這些並非精神醫學用語。

情感疾患

在發作期間情緒會持續低落或高漲的疾病，憂鬱性疾患及雙極性疾患皆屬於這種。世界衛生組織（WHO）已於1991年將原本的躁鬱症更名為情感疾患。

創傷

精神上的傷害，也稱為精神創傷或心理創傷。

智商（IQ）

衡量智力發展程度的指標。可作為判斷智力的概略標準，也適用於智能障礙的診斷和援助。測量智商的主要方法有「田中比奈智力測驗第五版」、「魏氏幼兒智力量表第三版（WPPSI-III）」、「魏氏兒童智力量表第四版（WISC-IV）」、「成人智力量表第四版（WAIS-IV）」、「考夫曼兒童智力綜合測驗（KABC-II）」。

瑜珈

yoga在梵文中有結合之意。起源不得而知，為印度自古流傳的修行方法。藉由結合呼吸、姿勢、冥想，達到身心合一與禪定。

當事人

接受諮商的個案案主。羅傑斯提出了「當事人中心治療法」，將過去所稱的「患者」改為「當事人」。不將諮商者和接受支持的人視為上對下的關係，而是處於對等的立場。原文client亦有委託人、顧客的意思。

解離症

意識、記憶、自我認定（永遠是同樣的自己）的正常整合功能遭到破壞的疾病，會出現忘記自己是誰或失去某段過去的記憶（解離型失憶）、離家到陌生場所生活（解離型漫遊）、感覺自己或周圍的事物不真實（現實感喪失）等症狀。過去稱為解離型歇斯底里。

達爾文

英國博物學家。曾於愛丁堡大學、劍橋大學求學，1831年以隨船博物學家的身分搭上英國海軍的「小獵犬號」，在5年的航行中造訪了科隆群島等地，對動植物和化石進行大量的觀察和採集。達爾文將航程中觀察到事物一一記錄下來，啟發他對於生物演化的思考，最終於1859年出版《物種起源》一書。

夢工作

完形治療的一種。夢是來自潛意識最深層的訊息，透過陳述夢境裡的內容，重新體驗夢境，就能察覺到自己的慾求。

榮格

瑞士心理學家、精神科醫師。1875年生於瑞士，父親是新教的牧師。曾在巴塞爾大學習醫，並於蘇黎世大學的精神科擔任助理醫師。對降靈術之類的超心理學很感興趣。以佛洛伊德的著作《夢的解析》為契機，兩人曾展開一段友誼，但後來因為看法分歧而分道揚鑣。之後榮格創設了分析心理學，並成為國際精神分析協會的首任會長。

演化論

該學說認為生物是由最原始的生命逐漸演化而成，與動植物都是由造物主所創造的基督教觀念對立。經過法國博物學家拉馬克（Jean-Baptiste Lamarck，1744～1829）在《動物學哲學》中主張「用進廢退說」和

「自然發生說」，以及達爾文在《物種起源》中提出「天擇說」後，演化論也成為無可撼動的學說。

盧梭

人稱近代教育思想之父的法國思想家暨文學家。出生於瑞士，父親是鐘錶工匠。在義大利、法國流浪之後，開始批判文明社會並主張回歸自然。除了《論人類不平等的起源與基礎》、《社會契約論》等社會理論外，也有如《新愛洛伊斯》之類的文學著作。1762年發表的《愛彌兒》則是充滿個人哲學思想的教育論著。

諮商

counseling源於拉丁文的consilium（會議、考慮、忠告、商量、智慧）。針對個案的問題及煩惱，從專業的角度運用各種知識及技術提供協助和支持的行為總稱。

轉化症

會轉化成身體症狀來表現的一種疾病。身體上沒有疾病或異常，卻因為壓力、焦慮等心理因素，導致身體持續出現各種症狀的疾病總稱。

戀父情結

榮格所提出的用語，亦稱「厄勒克特拉情結」。厄勒克特拉是希臘神話中阿伽門農國王的女兒，國王在特洛伊戰爭的遠征途中，遭到妻子克呂泰涅斯特拉與其情人聯手殺害，後來厄勒克特拉殺了母親替父親報仇。因此，女兒對同性母親抱有忌妒和敵意，稱為戀父情結。

Index

▼ 索引

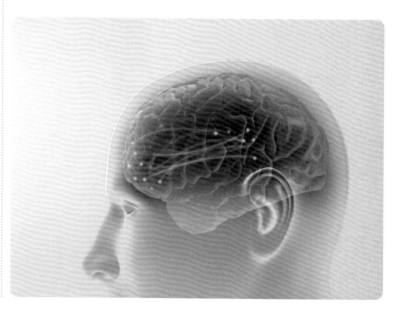

Staff

Editorial Management	木村直之	Cover Design	小笠原真一（株式会社ロッケン）
Editorial Staff	中村真哉，矢野亜希	Design Format	小笠原真一（株式会社ロッケン）
		DTP Operation	阿万 愛

Photograph

12-13	Oksana Kuzmina/stock.adobe.com
14	alexkich/shutterstock.com
18-19	（ジョン・ワトソン）Heritage Image/アフロ，（イワン・パブロフ）写真：Science Source/アフロ，（エルンスト・ヴェーバー）写真：Alamy/アフロ，（グスタフ・フェヒナー）写真：Science Source/アフロ，（ヴィルヘルム・ヴント）写真：アフロ，（マックス・ヴェルトハイマー）Science Photo Library/アフロ
20-21	（ヴィルヘルム・ヴント）写真：アフロ，（エルンスト・ヴェーバー）写真：Alamy/アフロ，（グスタフ・フェヒナー）写真：Science Source/アフロ
22-23	（イワン・パブロフ）写真：Science Source/アフロ，（ネズミ）Pakhnyushchyy/stock.adobe.com
24-25	（ジョン・ワトソン）Heritage Image/アフロ
26-27	（マックス・ヴェルトハイマー）Science Photo Library/アフロ
32-33	（催眠療法）Erich Lessing/PPS通信社，（ヒポクラテス）提供：Bridgeman Images/アフロ，（魔女図像）Erica Guilane-Nachez/stock.adobe.com，（フィリップ・ピネル）Bridgeman Images/PPS通信社，（ジークムント・フロイト）PPS通信社，（カール・グスタフ・ユング）写真：Mary Evans Picture Library/アフロ，（アルフレッド・アドラー）GRANGER.COM/アフロ，（カウンセリング）Prostock-studio/stock.adobe.com
34-35	（ジークムント・フロイト）PPS通信社
37	（カウチ）Viacheslav Iakobchuk/stock.adobe.com，（夢分析）primipil/stock.adobe.com
38-39	（カール・グスタフ・ユング）写真：Mary Evans Picture Library/アフロ
40-41	（アルフレッド・アドラー）GRANGER.COM/アフロ
42-43	oliver0723/stock.adobe.com
72	BillionPhotos.com/stock.adobe.com
74	Jedi-master/stock.adobe.com
78-79	（女の子）trustle/stock.adobe.com，（男の子）orientka/stock.adobe.com
80-81	（三輪車）borisblik/stock.adobe.com，（トゥクトゥク）hit1912/stock.adobe.com
84-85	（ジャン＝ジャック・ルソー）写真：akg-images/アフロ，（ジークムント・フロイト）PPS通信社，（ジャン・ピアジェ）写真：R. Crane/Camera Press/アフロ，（刷り込み）maroke/stock.adobe.com
88-89	rozaivn58/stock.adobe.com
90	（ジャン・ピアジェ）写真：R. Crane/Camera Press/アフロ
96-97	（青年）Jan H. Andersen/stock.adobe.com，（乳児）Oleg Seleznev/stock.adobe.com
101	（人物）NDABCREATIVITY/stock.adobe.com，（IQ）Fokussiert/stock.adobe.com
102-103	deagreez/stock.adobe.com
106-107	irena_geo/stock.adobe.com
112-113	SerPhoto/stock.adobe.com
116-117	lassedesignen/stock.adobe.com
124-125	Niels/stock.adobe.com
126-127	elenbessonova/stock.adobe.com，LIGHTFIELD STUDIOS/stock.adobe.com
132-133	Renáta Sedmáková/stock.adobe.com，Boggy/stock.adobe.com，LIGHTFIELD STUDIOS/stock.adobe.com
136-137	sharpshutter22/stock.adobe.com，Caito/stock.adobe.com
144-145	master1305/stock.adobe.com，VadimGuzhva/stock.adobe.com
148-149	luckybusiness/stock.adobe.com
150-151	Kumi/stock.adobe.com
153	Damian/stock.adobe.com
160-161	1STunningART/stock.adobe.com，Prostock-studio/stock.adobe.com
164-165	tutye/stock.adobe.com
168-169	motortion/stock.adobe.com
170-171	LIGHTFIELD STUDIOS/stock.adobe.com
172-173	BillionPhotos.com/stock.adobe.com
174-175	tempakul/stock.adobe.com
176	Ulia Koltyrina/stock.adobe.com
180-181	Pormezz/stock.adobe.com，Natallia/stock.adobe.com
190-191	（登山）Vitalii Matokha/Shutterstock.com，（瞑想）ZephyrMedia/Shutterstock.com
192-193	Pixel-Shot/Shutterstock.com
196-197	Tero Vesalainen/shutterstock.com

Illustration

6-7	Benjavisa Ruangvaree/stock.adobe.com
8—9	melita/stock.adobe.com
10-11	（アテナイの学堂）提供：Bridgeman Images/アフロ，（デカルト）Newton Press，（ライプツィヒ大学）TPG Images/PPS通信社
12-13	Newton Press
15	Vectorstock/stock.adobe.com
16-17	artinspiring/stock.adobe.com
18-19	（地）BOY/stock.adobe.com，Newton Press
21	Newton Press
23-24	Newton Press，R-DESIGN/stock.adobe.com，desdemona72/stock.adobe.com

25～29　Newton Press
30-31　（場の理論）robu_s/stock.adobe.com，（集団力学）Good Studio/stock.adobe.com，ONYXprj/stock.adobe.com
35　Newton Press
36　（乳児）nnnnae/stock.adobe.com，（男女）More/stock.adobe.com
38-39　Arcady/stock.adobe.com，antto/stock.adobe.com，palau83/stock.adobe.com，emma/stock.adobe.com
40-41　（犬と人）羽田野乃花，（その他）Jane/stock.adobe.com
42-43　freshidea/stock.adobe.com，Marta Sher/stock.adobe.com
44-45　artinspiring/stock.adobe.com
46-47　isual Generation/stock.adobe.com
48-49　（頭部）月本事務所（AD：月本佳代美，3D監修：田内かほり），（アイコン）Good Studio/stock.adobe.com，（コーヒーを選ぶ）Newton Press
50-51　黒田清桐
52-53　（脳）Newton Press［credit②を加筆改変］，（シナプス）Newton Press
54-55　（梅干し）Y/stock.adobe.com，（脳）Newton Press
56-57　（左）Newton Press，荒内幸一，（右）Newton Press
58-63　Newton Press
64-65　（チェッカーシャドー）1995, Edward H. Adelson.，（水彩錯視）Peter Hermes Furian/stock.adobe.com，（斜塔錯視）Konstantin Kulikov/stock.adobe.com
66-67　（左）JEGAS RA/stock.adobe.com，（右）Newton Press
68-69　Newton Press
70-71　（胎児）SciePro/stock.adobe.com，（右）Newton Press
72-73　Newton Press
74-75　Newton Press（BodyParts3D, Copyright© 2008 ライフサイエンス統合データベースセンター licensed byCC表示－継承2.1 日本（http://lifesciencedb.jp/bp3d/info/license/index.html）を加筆改変
76-77　（ふせん）fenskey/stock.adobe.com，（人）Mykyta/stock.adobe.com
80-81　（同化と調節）トワトワ/stock.adobe.com，（事象スキーマ）matsu/stock.adobe.com，（役割スキーマ）Good Studio/stock.adobe.com，（自己スキーマ）matsu/stock.adobe.com
82-83　Marta Sher/stock.adobe.com
84-85　岡本三紀夫
86-87　（赤ちゃん）hisa-nishiya/stock.adobe.com，（実験）羽田野乃花
88　羽田野乃花
90-93　Newton Press
94-95　（矢印）Paylessimages/stock.adobe.com，（その他）Newton Press
96-97　topvectors/stock.adobe.com
98-99　MicroOne/stock.adobe.com

100-101　Oksana/stock.adobe.com
102-103　matsu/stock.adobe.com，maryvalery/stock.adobe.com
104-105　Bro Vector/stock.adobe.com
108-109　（クレッチマー）sudowoodo/stock.adobe.com，（アイコン）nishi55/stock.adobe.com
110-111　（アイコン）nishi55/stock.adobe.com，（16因子）emma/stock.adobe.com，（性格の三次元）Sonulkaster/stock.adobe.com
113　Newton Press
114-115　dule964/stock.adobe.com，topvectors/stock.adobe.com，Good Studio/stock.adobe.com，Good Studio/stock.adobe.com
118-119　（2因子説・多因子説）topvectors/stock.adobe.com，（多層構造説）羽田野乃花
120-121　Newton Press
122-123　Marta Sher/stock.adobe.com
124-125　Natalia/stock.adobe.com，MicroOne/stock.adobe.com
128-129　Good Studio/stock.adobe.com，yukimco/stock.adobe.com
130-133　Newton Press
134-135　Microstocker.Pro/stock.adobe.com，tatyanabez1970/stock.adobe.com，nadzeya26/stock.adobe.com，endstern/stock.adobe.com
138-139　（車）sisti/stock.adobe.com，（指輪）yukimco/stock.adobe.com，（札）phockseye/stock.adobe.com，（図）Newton Press
140-141　（左）木下真一郎，（右）秋廣翔子
142-143　Marta Sher/stock.adobe.com
146-147　Newton Press
148-149　robu_s/stock.adobe.com
150-151　Larysa/stock.adobe.com
152-159　Newton Press
162-163　Marta Sher/stock.adobe.com
164-165　VectorMine/stock.adobe.com
166-167　charnsitr/stock.adobe.com，Salome/stock.adobe.com，bystudio/stock.adobe.com，sharplaninac/stock.adobe.com
178-179　Marta Sher/stock.adobe.com
182　kudoh/stock.adobe.com
184-185　Happypictures/stock.adobe.com，Mono/stock.adobe.com
186-187　Newton Press
188-189　artinspiring/stock.adobe.com
190-195　Newton Press
196-197　topvectors/stock.adobe.com
198-199　studiolaut/stock.adobe.com，たこ太/stock.adobe.com，Good Studio/stock.adobe.com，thea07/stock.adobe.com，matsu/stock.adobe.com，Benjavisa Ruangvaree/stock.adobe.com，Benjavisa Ruangvaree/stock.adobe.com

Galileo 科學大圖鑑系列 13

VISUAL BOOK OF THE PSYCHOLOGY

心理學大圖鑑

作者／日本Newton Press

特約主編／王原賢

翻譯／許懷文

編輯／蔣詩綺

發行人／周元白

出版者／人人出版股份有限公司

地址／231028新北市新店區寶橋路235巷6弄6號7樓

電話／(02)2918-3366（代表號）

傳真／(02)2914-0000

網址／www.jjp.com.tw

郵政劃撥帳號／16402311人人出版股份有限公司

製版印刷／長城製版印刷股份有限公司

電話／(02)2918-3366（代表號）

香港經銷商／一代匯集

電話／(852)2783-8102

第一版第一刷／2022年10月

第一版第二刷／2023年9月

定價／新台幣630元

港幣210元

國家圖書館出版品預行編目資料

心理學大圖鑑／Visual book of the psychology/
日本 Newton Press 作；
許懷文翻譯. -- 第一版. -- 新北市：
人人出版股份有限公司, 2022.10
面；　公分. -- (Galileo 科學大圖鑑系列；13)
ISBN 978-986-461-307-6（平裝）
　1.CST：心理學　2.CST：通俗作品

170　　　　　　　　　　　　　111014211

NEWTON DAIZUKAN SERIES SHINRIGAKU DAIZUKAN
© 2021 by Newton Press Inc.
Chinese translation rights in complex characters
arranged with Newton Press
through Japan UNI Agency, Inc., Tokyo
www.newtonpress.co.jp